AF231377

LA PESTE ET L'ORGIE

GIULIANO DA EMPOLI

LA PESTE ET L'ORGIE

traduit de l'italien par
ALAIN SARRABAYROUSE

BERNARD GRASSET
PARIS

L'édition originale de cet ouvrage a été publiée par
Marsilio Editori à Venise, sous le titre :

FUORI CONTROLLO

Tra edonismo e paura : il nostro futuro brasiliano.

ISBN : 978-2-246-70081-4

© 2005, *by Marsilio Editori ® s.p.a. in Venezia.*
© *Éditions Grasset & Fasquelle, 2006,*
pour la traduction française.

Pour Théa

Le progressiste perdu

« C'est par paresse, je suppose, que le monde se ressemble d'un jour sur l'autre. Aujourd'hui, il avait l'air de vouloir changer. Et alors tout, tout pouvait arriver [1]. »

C'est ainsi que nous nous sommes sentis au lendemain du 11 septembre. Après avoir été égal à lui-même pendant très longtemps, le monde avait soudainement cessé de se ressembler. Et nous nous sommes retrouvés tel le héros de Conrad, « non sans un sentiment de panique dans le cœur, comme [...] fourvoyé en quelque région de cruels et absurdes mystères interdits au mortel [2] ».

Nous vivons dans un monde qui nous est inconnu, auquel nous avons de plus en plus de mal à appliquer les catégories de nos prédéces-

---

1. J.-P. Sartre, *La Nausée*, Paris, Gallimard, 1938, p. 115.

2. J. Conrad, *Au Cœur des ténèbres*, Paris, Gallimard, « L'imaginaire », 1978, p. 248.

seurs. Mais la vérité, c'est que nous ne parvenons pas à nous y retrouver.

Après la chute du Mur, nous nous étions persuadés que l'effondrement d'une illusion donnée avait entraîné la fin de l'illusion en général. Comme si le crépuscule du communisme avait à jamais libéré l'homme de son aptitude millénaire à rêver et à se tromper, pour permettre à une confortable logique technologique d'envelopper le monde, telle une couverture chaude et rassurante.

Tout semblait pouvoir être affronté avec les armes de la technique et de la raison : de l'unification européenne (grâce à la monnaie unique) à la révolution de la vie personnelle et professionnelle (grâce à Internet et aux nouvelles technologies). Parvenu à la fin de l'histoire, l'homme occidental n'avait désormais plus qu'à réorganiser les idées qui l'avaient conduit jusque-là pour les appliquer (et les exporter) avec la plus grande efficacité possible. A l'appui de cette conviction, d'ailleurs, chaque jour le martèlement des spots publicitaires et des unes de journaux annonçait la mort de la distance et l'avènement d'une communion universelle, cimentée par les technologies de l'information.

L'emphase avec laquelle ces idées étaient propagées était si forte (et notre besoin d'y croire sans doute si intense) qu'il ne vint à l'esprit de personne de poser quelques petites questions essentielles. Pourquoi donc la crise de la foi communiste devait-elle coïncider avec la fin de la capacité humaine à produire des utopies ? Quand bien même les idéaux se seraient dissipés, qu'en serait-il de la force qui les avait produits ? Où serait passée l'énergie qui, libérée avec la chute du Mur, n'avait pas pour autant disparu de la surface du globe ?

A vrai dire, les questions que nous ne nous sommes pas posées sont fort nombreuses. Qui donc, par exemple, a songé qu'une proximité technologique universelle pouvait réduire et non accroître les conflits mondiaux ? Il était certes vrai que les nouveaux instruments de communication mettraient en contact permanent des peuples qui s'étaient ignorés jusqu'alors. Mais qui donc nous a persuadés que ces peuples s'aimeraient et se comprendraient, au lieu de sombrer dans l'équivoque et dans la haine ?

Quoi qu'il en soit, en l'absence de ces réponses, les années quatre-vingt-dix ont suivi leur cours impétueusement optimiste. Une génération a atteint l'âge adulte dans un monde de milliardaires instantanés et de tigres du Sud-Est asiatique, où l'agressivité des slogans journalistiques allait de pair avec une disparition substantielle des nuances. Nous avons ainsi acquis la certitude d'être arrivés dans une lande doucement ennuyeuse, comme la Norvège ou le Liechtenstein : le genre d'époque que le Chinois qui souhaitait des temps intéressants à ses ennemis aurait chaudement recommandée à ses parents et à ses amis les plus intimes.

Certes, il arrivait à l'occasion que d'obscurs roulements de tambour s'entendent au loin. Ou même à proximité, comme en Bosnie, quand une petite communauté éclairée et modérée fut contrainte de régler ses comptes, dans la solitude la plus absolue, avec la barbarie du nouveau fascisme intégriste, qui poursuivrait ensuite sa marche triomphale à Manhattan, à Madrid, en Irak.

Peu s'en aperçurent à l'époque. D'autant que les rôles étaient inversés : c'étaient surtout les musulmans qui étaient massacrés.

Plus de trois ans d'hésitations hypocrites accueillirent le retour, au cœur du continent, des snipers, des camps d'extermination et des fosses communes. L'Europe a alors joué son âme parmi les ruines de cette ville de Sarajevo qui, pendant cinq siècles, avait été l'incarnation problématique, mais pourtant viable, d'une possible cohabitation entre les différences : un projet de tolérance fragile et imparfait qu'aucun d'entre nous n'a ressenti l'urgence de sauvegarder.

En y repensant aujourd'hui, on frémit à l'idée que, tandis que la Troisième Guerre mondiale projetait sa terrifiante bande-annonce sous nos yeux, à une demi-heure d'avion de Rome et de Vienne, tous les regards étaient braqués ailleurs. C'est comme si, en 1938, une campagne électorale s'était déroulée où l'on n'aurait abordé ni la question tchécoslovaque, ni la question espagnole, ni même le nazisme. « Imaginons des candidats qui ne prononceraient pas le nom de Barcelone, ne diraient mot du siège de Madrid et qui passeraient sous silence les accords de Munich, l'Anschluss ou l'Abyssinie [1]. » Telle est, *mutatis mutandis*, la situation dans laquelle nous nous sommes trouvés au milieu des années quatre-vingt-dix. L'époque où une classe dirigeante entière, ultrasourcilleuse en matière de paramètres de convergence et de clauses d'exception, ne s'est pas aperçue du déclenchement, à sa porte (ou plus précisément à l'intérieur même de l'Europe), de la Troisième Guerre mondiale.

Il a fallu le 11 septembre pour nous faire comprendre que les années quatre-vingt-dix nous avaient trompés. Mais, en l'absence de toute grille d'interprétation, le 11 septembre lui-même est resté un événement inexplicable.

Paul Ricœur [2] nous a enseigné que, bien sûr, l'histoire est scandée par de grands événements, qui sont autant de tournants radicaux, mais que ces événements s'insèrent toujours dans une

---

1. B.-H. Lévy, *Récidives*, Paris, Grasset, 2004, p. 815.
2. P. Ricœur, *Temps et récit*, t. 1, Paris, Seuil, 1983, p. 394.

trame plus complexe dont ils constituent le moment révélateur.

Le problème est que nous avons tous perdu le fil de la trame, non seulement au niveau global, mais aussi au niveau local. Au point que la majeure partie des séismes qui parcourent notre société nous ont stupéfaits et acquièrent, à nos yeux, une nature mystérieuse. A l'heure de l'hyperspécialisation, personne ne se risque plus à formuler des hypothèses générales sur l'évolution de la société. A l'heure de la *Theoriemuedigkeit* – de la lassitude à l'égard des théories explicatives –, chacun préfère enregistrer minutieusement les événements *ex post*, en laissant aux charlatans et aux consultants d'entreprise le soin de se risquer à des prévisions. A l'heure de la « post-politique », ce n'est certes pas des hommes politiques qu'on peut attendre une aptitude à donner du sens aux transformations en cours.

Dès lors, une pensée interstitielle fleurit, qui accumule les détails et les spécialisations, mais ne parvient jamais à rendre compte du scénario d'ensemble. Les courants d'opinion les plus traditionnellement prolifiques en matière de théories explicatives restent eux-mêmes, la plupart du temps, silencieux : l'état typique de l'intellectuel progressiste est aujourd'hui la stupeur.

Stupeur devant les affirmations électorales de personnages comme Berlusconi, Pym Fortuyn,

Schwarzenegger. Stupeur devant le déferlement dans le monde entier de la télé-réalité et de l'exhibitionnisme de masse. Stupeur, encore, devant le revival religieux américain, le retour de l'intégrisme au cœur de la modernité. Stupeur, enfin, devant la réapparition du mal absolu, sous la forme des camps de concentration serbes, des sursauts de satanisme...

De plus en plus nombreux sont les phénomènes que la logique rationnelle et positiviste ayant survécu à la chute des idéologies ne parvient pas à expliquer. Si bien que l'intellectuel progressiste supplée au défaut d'intelligence de la réalité par un surcroît d'indignation. L'Ecole de Francfort est peut-être défunte, mais la pensée critique est vive et circule en nous. Prompte à condamner, avec des accents aristocratiques, toutes les dégénérescences d'une société aliénée, massifiée, manipulée, américanisée...

C'est ainsi que naissent les protestations sous forme de « rondes » contre Berlusconi, l'affaire « Loft Story » en France, la « culture de la jérémiade » sur les campus américains. Chacun de ces mouvements cerne rationnellement un objectif à combattre (le conflit d'intérêts d'un *tycoon* qui se lance dans la politique, la commercialisation des médias français, l'obscurantisme de la droite américaine). Et d'ailleurs, le plus souvent, il ne s'agit pas d'objectifs erronés. Le problème se situe dans l'espoir ingénu, qui sous-tend ces batailles et bien d'autres encore, de restituer un ordre « rationnel » aux choses, si d'aventure l'ennemi était abattu. Comme s'il n'y avait pas, derrière ces phénomènes, et derrière d'autres phénomènes innombrables, un effondrement beaucoup plus profond. Qui rend ridicule toute prétention de restauration dans le sens de la philosophie des Lumières.

Le fait est que la pensée rationnelle et positiviste est trop jeune pour comprendre à fond les mutations obscures devant lesquelles nous nous trouvons. « Il y a deux siècles, six cents personnes rassemblées dans une salle, à Versailles, disaient " Nous sommes la France, nous sommes la Nation tout entière réunie ". Depuis ce temps-là, nous, les " bons Européens ", nous étions tous de bons radicaux extrémistes de gauche, c'est-à-dire une minorité presque imperceptible qui voulait incarner la vérité du Tout. Nous sommes restés beaucoup trop jeunes. Avoir deux cents ans dans un monde dont les problèmes, comme Marx l'a très bien montré, datent au moins de la montée des sociétés de classes... Notre vraie histoire commence il y a trois ou quatre mille ans au moins. Il faut vieillir pour comprendre ce qui se passe vraiment dans ce monde [1]. »

---

1. A. Finkielkraut, P. Sloterdjik, *Les Battements du monde*, Paris, Pauvert, 2003, p. 77.

Ce n'est pas la première fois qu'un coup de canon détruit un rêve de progrès perpétuel, nous laissant perdus et stupéfaits comme le Roquentin de Jean-Paul Sartre. C'était déjà arrivé au début du siècle dernier, quand l'attentat de Sarajevo interrompit le long boom du XIXᵉ siècle, au cours duquel l'Occident croyait avoir enfin trouvé la recette du développement infini. Au XIXᵉ siècle, la science, l'industrie et l'instruction s'étaient mises à galoper comme jamais auparavant. Et le tout jeune progressiste, né quelques années plus tôt dans les salons de Versailles, était certain d'avoir défait la barbarie une fois pour toutes. Bien sûr, à cette époque aussi, d'obscurs roulements de tambour s'entendaient au loin. Et quelques rares devins tentaient d'en transmettre l'écho, comme Conrad lorsqu'il raconta les lointaines horreurs du Congo ou les très proches agitations des terroristes londoniens, avec la même lucidité remarquable. Mais alors aussi prévalut, dans l'ensemble, l'idée rassurante que c'étaient là des exceptions, qui se résorberaient dans la marche irrésistible du progrès.

Sur le moment, un seul homme, un fou, comprit que ce n'étaient pas des exceptions, mais plutôt les signes avant-coureurs d'une barbarie menaçante et monstrueuse. Il passa toute sa vie à tenter non pas, comme certains le soutiendraient par la suite, de la justifier, mais plutôt d'« approfondir les fondations de la civilisation à une époque de menaces barbares [1] ». Nietzsche, le philosophe de l'avenir, le fut en tant qu' « explorateur des vieux mondes, cimes et cavernes », créateur « à force de se souvenir de quelque chose qui fut essentiellement oublié [2] ».

Avec Dionysos et contre Socrate, avec Aristophane et contre Euripide, Nietzsche exhuma l'esprit de la tragédie et le divin équilibre, à la fois dionysiaque et apollinien, qui avait fondé sa grandeur. Il devina que le seul moyen de donner plus de solidité aux fondements de la société était de redonner un rôle au côté obscur qui sous-tend toutes les choses humaines, à l'excès d'énergie que tout organisme possède face à l'exigence de survie pure et simple [3].

Oubliée par les politologues, les sociologues et les philosophes, cette sagesse ancestrale affleure à nouveau, telle une rivière karstique, dans les œuvres de certains témoins. Avec leurs aptitudes divinatoires, ils ont eu le courage d'explorer les racines obscures et inconnues de la modernité à l'aide d'une pensée archéologique qui ne s'est jamais contentée de la petite fable progressiste, pariant sur plus de profondeur.

---

1. P. Sloterdijk, *Le Penseur sur scène*, Paris, Christian Bourgois, 2000, p. 59.
2. G. Deleuze, *Nietzsche*, Paris, PUF, 2005 [1965], p. 18.
3. Cf. G. Bataille, *La Part maudite*, Paris, Minuit, 1967.

C'est la secte des grands hérétiques : les Goya, les Dostoïevski, les Conrad, les Simmel, les Bataille, tous ceux qui ont osé penser l'impensable, et dont les intuitions nous sont aujourd'hui nécessaires pour redonner un sens au présent.

Mais aujourd'hui encore, chez nous, ceux qui se réclament de cette généalogie désordonnée risquent d'être taxés d'hérésie. Malgré son évidente incapacité à penser le présent, la pensée faible pseudo-scientifique, interstitielle, qui forme le misérable héritage de l'époque de la désillusion, continue en effet de nous imposer son orthodoxie asthénique. Il devient donc indispensable, pour être libre de briser le tabou positiviste, de suivre les traces des hérétiques de toutes les époques, afin de traverser l'océan et d'atteindre les plages d'un monde nouveau.

1

Le miroir brésilien

Le Brésil fait un étrange effet aux intellectuels. Il n'en attire d'ailleurs que quelques-uns. La plupart préfèrent les endroits gris et pluvieux, les faces pâles et tourmentées, les vestes en velours et les pull-overs à col roulé. Mais les rares qui s'y aventurent perdent presque toujours la tête. Dionysos se jette sur leurs constructions rationnelles. Il les balaye dans un éclat de rire libérateur, auquel eux-mêmes, pour un temps, ne peuvent éviter de se mêler. Sauf à reprendre le dessus. Et à passer le reste de leur vie à le regretter.

C'est ce qui est arrivé à Simone de Beauvoir. Parmi les milliers de pages de son récit autobiographique – monument littéraire à l'obstination de la volonté –, elle ne perd le fil que deux fois. Dans une vie marquée par la rationalité implacable d'une ambition totalitaire, à deux moments seulement la narration échappe au ton pressant de la succession des livres, des débats et des pétitions, pour se noyer dans une dimension languide et rêveuse. Le premier correspond à son histoire d'amour avec Nelson Algren. Le second est son voyage au Brésil.

Là, plus encore que dans le gris Chicago d'Algren, elle s'égare. Au point de renier un instant ses convictions les plus fermes. « Le jardin en pente douce, ses arbres, ses ombres, ses fleurs, l'onduleux paysage de cannes à sucre, de palmiers et de bananiers me parurent un si voluptueux paradis qu'un instant je caressai le plus aberrant des rêves : me couler dans la peau d'un propriétaire terrien [1]. »

Mystère paradoxal du Brésil. Au moment même où il nous offre le spectacle insupportable de ses inégalités, il a une action apaisante, qui plonge les idéologies dans un bain de chaleur humaine et les vide de leur vigueur nordique.

Ce n'est pas un hasard, je crois, si c'est là qu'en 1940 débarquent Stefan Zweig et sa femme, fuyant les horreurs de la Seconde Guerre mondiale. « Et si la civilisation européenne devait vraiment être anéantie par cette guerre, écrit-il, [...] nous savons qu'une civilisation nouvelle est ici à l'œuvre, prête à traduire en réalité tout ce que les nobles générations

---

1. S. de Beauvoir, *La Force des choses*, Paris, Gallimard, 1963, p. 536.

intellectuelles ont vainement souhaité et rêvé : une culture humaine et pacifique [1]. »

Il y a trop d'emphase et trop d'optimisme dans les mots de Zweig. Dieu sait à quel point le Brésil a payé l'éternelle promesse, jamais réalisée, d'être le « pays du futur ».

Et pourtant, le 11 septembre, quelque chose est aussi arrivé au futur. Avant cette date, et tout au long des années quatre-vingt-dix, il coulait comme un long fleuve tranquille, du centre vers la périphérie. Ce qui se passait au centre, au cœur de l'Occident, semblait devoir se propager, selon des temps et des modalités différentes, dans le reste du monde. Modèles économiques, politiques, culturels, modes, technologies : tout semblait irradié par une même source extrêmement lumineuse. Il suffisait aux futurologues de se promener dans la Silicon Valley et dans les ruelles de Tokyo pour esquisser les contours d'un avenir déjà familier, rassurante projection du présent. Depuis que le monde a cessé d'être paresseux, la vie de château a pris fin. Avec l'effondrement des Twin Towers, la clarté des pronostics en matière de modèles sociaux a elle aussi chuté. Il se peut dès lors que le futur, tel un saumon, remonte le cours du fleuve, produisant l'impensable : des futurs périphériques qui acquièrent un rôle central et pénètrent le cœur

---

1. S. Zweig, *Le Brésil, terre d'avenir*, Paris, Editions de l'aube, 1992, pp. 253-254.

du système, exactement comme les avions lancés sur Manhattan depuis une grotte afghane.

Les choses se compliquent : ce n'est plus seulement le centre qui irradie la lumière du futur sur la périphérie, mais cette dernière aussi porte en elle l'embryon de futurs possibles. Non seulement pour elle-même, mais pour nous aussi, étourdis qui croyions avoir atteint la fin de l'histoire.

Renaît dès lors l'exigence du voyage. Et le but est toujours le même. Non pas tant de partir à la recherche de quelque chose de nouveau, mais plutôt de nous retrouver en nous reflétant dans des réalités qui révèlent notre identité. « N'attends pas de moi un guide pour touristes, une liste complète des endroits visités chronologiquement ordonnée et dépourvue de lacunes [1] », écrit Rilke à sa muse, Lou Andreas-Salomé. Comme beaucoup d'autres avant et après lui, le poète part en effet d'abord à la recherche de lui-même. Ce qui lui permet d'éviter le collectionnisme touristique qui, dès cette époque, produisait des victimes en grand nombre. Il veut transformer le voyage en expérience capable de mettre en lumière des aspects de sa personnalité restés jusqu'alors dans l'ombre. Un siècle plus tôt, la même chose était

---

1. Rilke, cité in F. Ferrarotti, *Partire, tornare. Viaggiatori e pellegrini alla fine del millennio*, Rome, Donzelli, 1999, p. 116.

arrivée à Goethe. A quarante ans passés, à Rome, « il expérimente l'amour sous toutes ses formes » et, pour la première fois, il commence « à regarder le monde d'une manière différente, plus sensuelle [1] ».

Depuis toujours, c'est cette disponibilité à se remettre en cause, en entrant en résonance avec les lieux visités, qui permet les découvertes les plus intéressantes. Ce livre n'est donc pas un ouvrage sur le Brésil. Il veut plutôt voir dans le Brésil un miroir allégorique, capable de refléter la situation dans laquelle nous nous trouvons.

A vrai dire, ce n'est pas la première fois qu'une telle opération est tentée. Pour le metteur en scène Terry Gillian, par exemple, l'avenir violent et arbitraire, technologique et kafkaïen, est « brésilien ». Pour Michael Lind, on peut qualifier de « brésilienne » non pas une séparation ethnique par les cultures (balkanisation), mais une séparation des ethnies par les classes. De son côté, Ulrich Beck considère comme « brésilien » un futur à la Rifkin, fait de rares métiers stables et d'une myriade d'emplois informels et précaires. Les urbanistes, d'ailleurs, se penchent depuis quelque temps sur l'évolution des mégalopoles brésiliennes et y découvrent, poussée à l'extrême, une dynamique commune aux autres

---

1. R. Friedenthal, *Goethe : His Life and Times,* Londres, 1963, p. 245.

villes occidentales, consistant en la privatisation progressive des espaces publics.

Mais ces théories ont en commun le fait de considérer, le plus souvent si ce n'est exclusivement, des aspects négatifs de la réalité brésilienne, et de les projeter sur le présent ou sur l'avenir des pays industrialisés.

D'une manière ou d'une autre, tous les observateurs mettent notamment l'accent sur le problème des inégalités. Il ne fait aucun doute en effet que l'inégalité entre les riches et les pauvres est un des aspects les plus évidents, et les plus dramatiques, de la réalité brésilienne. Il suffit de se promener dans Rio pour se rendre compte de ce que disent les statistiques : après le Swaziland et la Sierra Leone, le Brésil est le pays au monde où l'inégalité est la plus répandue. Ici, comme le remarquait déjà Lévi-Strauss, « la place occupée par chacun dans la hiérarchie sociale se mesur[e] à l'altimètre : d'autant plus basse que le domicile [est] haut [1] ». Chaque quartier élégant a sa favela : Dona Marta au-dessus de Botafogo, São João au-dessus de Copacabana, Pavão au-dessus d'Ipanema, Vidigal au-dessus de Leblon. Le contraste ne saurait être plus brutal. En partant de Gavea, par exemple, il suffit de monter quelques centaines de mètres, de grimper dans la favela de Rocinha, pour perdre treize ans

---

1. C. Lévi-Strauss, *Tristes Tropiques*, Paris, Plon, 1993, p. 97.

d'espérance de vie (et environ huit ans d'instruction moyenne...) [1]. Rien d'extraordinaire, dans un pays qui possède la première flotte de jets privés au monde après les Etats-Unis, dont le réseau routier est digne du tiers-monde, et où 1 % de la population – les plus riches – détient plus de ressources dans son ensemble que les 50 % des plus pauvres [2].

Il ne faut pas s'étonner, par conséquent, que le spectacle terrifiant des inégalités ait polarisé les regards des observateurs. Et pourtant, l'histoire que je voudrais essayer de raconter ici est un peu plus compliquée.

Non que se soient trompés tous ceux qui ont mis en lumière ce côté tragique de la réalité brésilienne. Le problème, toutefois, c'est que le Brésil est cela, mais pas seulement. Et que les drames de l'inégalité, des favelas et de la criminalité s'enfoncent ici dans le ventre mou d'une société fondamentalement païenne, au sein de laquelle l'épicurisme est depuis toujours un phénomène de masse, qui s'exprime dans l'orgie effrénée de la danse, du carnaval, du football, de la plage...

Si pour Tocqueville, la passion démocratique est le sentiment qui fonde le caractère améri-

---

1. F. Neves, « A Portrait in Contrast », in *Brazzil*, mai 2001.
2. R. Espinoza, « Too Rich, Too Poor », *ibid.*, mai-juin 2000.

cain, pour Gilberto Freyre, le Tocqueville brésilien, c'est la passion sensuelle qu'on trouve à la base du Brésil. Elle a fait de ce pays l'exemple le plus fascinant de mélange racial, religieux et culturel qui soit au monde.

La distinction entre les deux civilisations est là : l'une, imbue de rationalité mécanique, est aujourd'hui confrontée aux limites extrêmes de son organisation ; l'autre, organique et fusionnelle, réapparaît de façon inattendue là où personne ne l'attendait. L'une est éminemment moderne dans son ardent désir de séparer les domaines et les principes, de dominer l'émotion par la raison, de se projeter vers un futur toujours repoussé. L'autre, déjà postmoderne dans sa tendance à mêler les mondes et les croyances, se fait conduire par les sentiments, se prélasse dans un éternel présent.

Là où le progressisme occidental, dans ses différentes incarnations, est toujours fondé sur une idéologie qui se veut rationnelle et se projette dans l'avenir, le carnaval, seule véritable idéologie brésilienne, mise tout sur le corps et sur l'instant, pour donner naissance à un ordre transitoire, qui s'oppose au régime normal en en minant les hiérarchies. Ce n'est pas un hasard si l'intensité de l'élan carnavalesque est d'autant plus grande que la division en classes et les inégalités sont marquées. La société féodale, par exemple, n'aurait jamais survécu aussi longtemps sans la soupape de sécurité de fréquentes explosions carnavalesques, au cours desquelles la rigidité des frontières de caste se fondait dans la communion grotesque des bacchanales.

De froids indicateurs économétriques révèlent que le Brésil est aujourd'hui l'une des sociétés les plus inégales du monde : qui trouve toutefois dans le carnaval, et plus communément dans des occasions de rassemblement de type carnavalesque (le football, la musique, la danse, une religiosité expressive, etc.), des opportunités continues de mélange organique, où les différences de classe, tout en ne s'annulant pas, se diluent dans une célébration plus générale des forces vitales qui sous-tendent toute chose.

Mais si l'instantanéité et l'expression physique sont les caractéristiques fondamentales du carnaval, comment ne pas voir que, loin de rester confiné dans des milieux spatio-temporels traditionnels, celui-ci s'est répandu partout, devenant l'une des clés de lecture inévitables de la réalité qui nous entoure ? Comment ne pas voir le caractère carnavalesque des rites collectifs par lesquels nous célébrons, dans les stades, à la télévision, dans les rues, l'effervescence irrésistible de la vie sociale ? Ou celui des petites manifestations individuelles, qui prennent de plus en plus souvent des valeurs collectives : le culte du corps, l'obsession pour le sexe – dont nous ne nous sommes plus libérés depuis les années soixante –, les nouvelles manies liées aux plaisirs de la table, la diffusion croissante de drogues légales et illégales ?

Dans ce domaine entre tout ce qui renvoie au primat de la sensation, y compris le fameux passage, dénoncé par Giovanni Sartori, de l'*homo sapiens* à l'*homo videns* : l'affirmation de la télévision, et plus généralement du spectacle, comme principal mode non seulement de récréation mais aussi de connaissance. Sans parler de la prolifération de syncrétismes en tout genre, de la religiosité do-it-yourself, qui définit de plus en plus notre horizon spirituel, à la cuisine *fusion* qui envahit nos tables.

Chez nous aussi, d'ailleurs, cette explosion carnavalesque a une tendance préoccupante à s'accompagner d'un approfondissement des inégalités sociales. A partir des années soixante-dix, on a assisté à une inversion de la dynamique de nivellement qui avait conduit, dans tous les pays industrialisés, à une réduction progressive des distances entre les riches et les pauvres. Au cours des trente dernières années, le coefficient de Gini, qui mesure les inégalités de revenus des familles, a augmenté de 10 à 25 % dans la zone de l'OCDE [1]. Et rien ne permet de

---

1. G. Esping-Andersen, « Against Social Inheritance », in A. Giddens (éd.), *The Progressive Manifesto*, Londres, Policy Network, 2003, p. 102.

penser que la tendance soit au changement. Au contraire, les développements technologiques et l'accroissement des échanges internationaux vont plutôt dans le sens d'une polarisation toujours plus grande des sociétés occidentales entre vainqueurs et perdants.

Mais, plus préoccupant encore que les données, il y a la perception que beaucoup ont de leur situation. En Italie, plus de 80 % de la population estime que les couches moyennes s'appauvrissent, et que l'avenir sera pire que le présent...

Dans ce contexte, l'obsession pour la célébrité (« personne ne regarde plus la télévision, parce que tout le monde veut la faire [1] ») prend une tournure inquiétante, au point que certains évoquent des scénarios d'Ancien Régime. « Une élite de notables héréditaires (les professions libérales se transmettent par majorat, grâce à la mainmorte des Ordres), de rentiers de diverses natures et d'entrepreneurs de deuxième, troisième et quatrième génération, salue l'avènement d'une masse informe de péones, de personnels de service, public ou privé, aux salaires précaires, aux statuts en baisse, en butte à des veto tacites face à toute mobilité verticale, qui se consolent avec la chronique mondaine, les mariages princiers, les exploits des VIP, les

---

1. A. Grasso, « " In tv, in tv ". E una folla assediò Roma », in *Corriere della Sera*, 17 juin 2004, p. 1.

caprices des dauphines de l'éther, les îles des célébrités. Aujourd'hui, Marie-Antoinette ne lancerait pas de brioches des balcons, mais des invitations pour les apparitions chez Thierry Ardisson ou des lettres de recommandation pour la sélection des starlettes de la télé [1]. » Ce n'est pas un hasard si les favelas sont dépourvues d'égouts et d'eau courante, tandis que chacun y a chez soi la télévision !

Dans une société bloquée, où le taux de mobilité sociale est très bas et les possibilités de vie conditionnées par la position des parents plus que tout autre facteur, le carnaval peut devenir la seule porte de sortie rationnelle. Dans les favelas, on dit depuis toujours que le *futebòl* et le show-business sont les seules, les très lointaines opportunités de promotion sociale : la même chose semble se produire chez nous. Sollicités par les mille tentations du culte de la célébrité, mais bloqués dans un marais d'immobilité, les jeunes tentent la voie des « Big Brothers » et des « Stars académies ». Tandis que leurs parents, comme le montre le boom mondial des jeux de hasard, se contentent de la loterie...

Dans l'air du temps, par ailleurs, il n'y a pas que le carnaval qui soit brésilien. Il y a aussi, malheureusement, tout un versant tragique fait

---

1. G. Guerzoni, « Il brutto del bello », in *Zero*, n° 1, 2005, p. 12.

de peur, et qui est devenu dominant depuis le 11 septembre.

Le Brésil n'a pas connu de véritable guerre depuis cent quarante ans et pourtant, là-bas, en 2003, il y a eu cinquante mille morts violentes. C'est un conflit larvé, épidémique, qui peut atteindre chacun à tout moment, et qui a transformé les villes en jungles paranoïaques faites de milices privées et de *condominios fechados* [1].

De la même manière, l'Occident est également sorti, après la chute du Mur, de l'ère rationnelle de la guerre entre Etats pour entrer, avec le 11 septembre, dans l'ère du conflit épidémique, où l'on ne trouve plus en première ligne les armées, mais les vacanciers de Bali et les banlieusards de Madrid. Dans l'atmosphère chargée de peur qui pèse sur nous depuis lors, l'orgie de consommation et l'hédonisme de masse ne sont plus (seulement) le débouché d'un processus de développement matériel, mais ils deviennent l'expression d'une conscience tragique, qui cherche à vivre chaque instant le plus intensément possible, parce que l'avenir est incertain (ou, comme le disait lord Keynes, « à long terme nous serons tous morts »).

Le tout sur un fond de nouveau fatalisme, aussi familier à la religiosité brésilienne qu'il est

---

1. « Quartiers fermés » : ensembles résidentiels privés et étroitement surveillés. (*N.d.T.*)

étranger à la tradition moderne. Si, à l'enseigne de Marx et de Freud, on croyait au XXe siècle que c'étaient les expériences et l'éducation qui engageaient le cours d'une vie, le XXIe siècle s'ouvre quant à lui sous le signe du déterminisme biologique. La plupart des savants nous répètent que ce sont pour l'essentiel nos gènes, un facteur héréditaire, qui décrètent le destin, et certainement pas les facteurs culturels auxquels nous nous étions tant attachés...

Le résultat de toutes ces poussées est que nous sommes entrés dans une époque baroque, au vitalisme désordonné qui s'exprime autant dans la théâtralité quotidienne de la télé-réalité que dans le retour de l'astrologie et du magique comme *amor fati* ; autant dans la recherche des plaisirs de la chair et de la table que dans la diffusion des sports extrêmes, qui donnent le frisson de l'abîme. Epoque où prend forme sous nos yeux une éthique de l'instant, animée par une exubérance païenne en singulier contraste avec l'ordre technocratique auquel nous croyions nous être habitués.

Telle est la brésilianisation : une samba frénétique où un pôle carnavalesque, fait d'expression corporelle et de théâtralité, de grandes célébrations et de métissage, entre en résonance avec un pôle tragique fait de risques et de violence, d'astrologie et d'un fatalisme qui, à son tour, trouve à s'épancher dans le carnaval, contribuant à alimenter une spirale inépuisable oscillant constamment entre l'orgie et le massacre, côtoyant le sublime et l'obscène jusqu'à les fondre dans un rythme unique et incessant. Sur ce rythme balancent depuis toujours les rejetons d'Ipanema et les favelados de Rocinha, les plasto-chirurgiens de Botafogo et les putains de Copacabana.

La nouveauté de ce tout début de siècle est que, sur un rythme de samba, nous avons tous commencé à danser.

2

La démocratisation de l'orgie

James Boswell est le représentant typique du
Grand Tour, ce voyage de formation pratiqué
par l'aristocratie anglaise à partir du XVIIIe siècle.
Vingt-deux ans, fils d'un juge écossais, seigneur
d'Auchinlek, Boswell quitte la Grande-Bretagne en août 1783 pour le continent, après
avoir été sur le point d'entrer dans les ordres
quelque temps auparavant. La Hollande et
l'Allemagne l'attendent, puis les « gaies régions
de France et d'Italie [1] » : étapes canoniques d'un
voyage conçu comme le « couronnement d'une
bonne éducation ».

Comme quelques milliers d'autres jeunes
aristocrates qui ont fait le même périple avant
et après lui, Boswell visite la Galerie Borghèse
et la bibliothèque du Vatican, fait faire son portrait par Gavin Hamilton, prend le soleil piazza

---

1. Boswell, cité in I. Littlewood, *Climi bollenti. Viaggi
e sesso dai giorni del Grand Tour*, Florence, Le lettere,
2004, p. 33.

del Campo et se perd dans les *calli* de Venise. Comme d'autres voyageurs illustres, Boswell revient chez lui avec une série d'écrits historiques et politiques qui lui vaudront la considération de ses contemporains et de la postérité. Et comme tous les autres, en même temps que le Tour officiel – fait de nobles sentiments et de contemplation esthétique –, Boswell fait également un tour officieux, un peu moins édifiant, dont ses journaux nous ont laissé la chronique.

Avant même d'atteindre les « gaies régions », réceptacles depuis toujours de tous les vices, Boswell trouve à s'occuper. Dans un hôtel de Berlin, parlant avec une femme de chambre, il découvre qu'elle est enceinte : « Oh !, note-t-il, un joli morceau sans risques, dans mes chambres : " As-tu un mari ? " " Oui, chez les gardes de Potsdam ". Aussitôt au lit. Une minute, c'est fini. Je me suis levé, froid et étonné, mi-furieux, mi-amusé. Je l'ai jetée dehors [1]. » Mais c'est une fois les Alpes franchies que Boswell donne le meilleur de lui-même. Rome : « Je me souvenais des actes dissolus d'Horace et d'autres poètes romains licencieux, et je me disais qu'on peut bien s'accorder un peu d'indulgence, dans une ville qui revendique des prostituées autorisées par le

---

1. *Ibid.*, p. 38.

cardinal vicaire [1]. » Naples : « J'ai éprouvé de violentes passions. Je les ai satisfaites. J'ai trouvé quelques filles très avenantes [2]. » Sienne : « J'ai savouré les plaisirs exquis de la galanterie italienne, des charmes de laquelle j'avais tant entendu parler [3]. » Venise : « Ma fantaisie s'est enflammée devant les histoires fabuleuses que j'ai entendues sur les courtisanes de Venise [4]. »

Ce parcours du combattant n'a de singulier que le fait que Boswell l'écrive, révélant ainsi ce que les autres voyageurs tendaient à taire ou à dissimuler sous des périphrases ambiguës. Comme « les gigantesques révélations désordonnées de cette ville impériale et papale qui se heurtent soudainement aux notions d'une jeune fille élevée dans le puritanisme anglais et suisse [5] », brouillant les idées de Dorothea Brooke, l'héroïne de *Middlemarch* de George Eliot, à peine débarquée à Rome. Ou comme « le sortilège de l'Italie » qui, au lieu de faire acquérir des connaissances à Lucy Honeychurch, l'héroïne de *Chambre avec vue* de E.M. Forster, la « rend simplement heureuse [6] ».

------

1. *Ibid.*, p. 39.
2. *Ibid.*, p. 43.
3. *Ibid.*, p. 46.
4. *Ibid.*, p. 42.
5. *Ibid.*, p. 65.
6. *Ibid.*, p. 86.

La vérité, en effet, c'est que le Grand Tour était, pour les aristocrates nordiques qui l'entreprenaient, une occasion de jouissance sensuelle autant que d'enrichissement culturel. Le voyageur contemporain qui arrive sur les plages thaïlandaises est donc le bon dernier d'une longue série.

L'élément nouveau de la carnavalisation est uniquement et seulement là. Des plaisirs précédemment réservés à quelques élus, et soigneusement dissimulés aux yeux des profanes, sont désormais le lot de masses de plus en plus nombreuses. Si, derrière la noble façade d'un Grand Tour consacré à la découverte des racines de la culture classique se cachait dans de nombreux cas un voyage d'initiation aux plaisirs de la chair, favorisé par la permissivité (et par la pauvreté) des sociétés méditerranéennes, aujourd'hui, toute prétention à caractère culturel évacuée, le tourisme sexuel s'est transformé en phénomène de masse.

Comme l'a bien raconté Michel Houellebecq dans *Plateforme*, c'est une question d'économie politique : d'un côté, il y a des millions d'Occidentaux qui ont tout ce qu'ils veulent, mais qui ne parviennent plus à obtenir de satisfaction sexuelle : ils cherchent, ils cherchent sans répit, ce qui les rend malheureux au plus haut point. De l'autre, il y a des millions d'individus qui n'ont rien d'autre à vendre que leur corps, et leur sexualité intacte[1]. Adam Smith aurait considéré cela comme une situation d'échange idéale. Telle est en effet la réalité que nous avons sous les yeux. Des charters à prix cassés partent chaque jour de villes grises, en Allemagne, en Angleterre et en France, pour Cuba, la Thaïlande, ou même le Brésil, dans des endroits baignés de soleil où de gras Européens remplis de bière accomplissent leur grand tour initiatique. Des cars et des voitures déferlent chaque week-end sur les villes d'Europe de l'Est, où le sexe est encore bon marché. Sans parler de l'impact de l'immigration sur la prostitution au cœur même de l'Europe occidentale. En Grande-Bretagne, la très autorisée revue médicale *Lancet* a estimé que la croissance de l'offre, et la chute des prix qui en résulte, a fait doubler le nombre de clients des prostituées ces dix dernières années[2]. En Italie, on va jusqu'à estimer qu'il y en a neuf millions[3].

Sur le versant opposé du touriste sexuel, il y a le pantouflard, qui, sans bouger de son fauteuil, peut accéder à une quantité de matériel absolument inouïe. Pour lui, dans la seule Californie, on tourne environ dix mille films pornos par an, qui engendrent un chiffre d'affaires

---

1. Cf. M. Houellebecq, *Plateforme*, Paris, Flammarion, 2001.
2. *The Economist*, 4 septembre 2004, p. 33.
3. *L'Espresso*, 26 septembre 2002, p. 206.

mondial de plus de cinquante milliards d'euros [1]. Pour visionner toutes ces bonnes choses, le pantouflard ne doit même pas se déplacer jusqu'à une vidéothèque pour louer les films (bien que nombreux soient ceux qui continuent à le faire : en 1985, aux USA, on louait 75 millions de cassettes pornos ; en 1996, 665 millions...) [2]. Il lui suffit d'allumer le petit écran pour retrouver, sur les chaînes satellitaires, le meilleur de la production mondiale. En Europe, d'ailleurs, même la télévision analogique en clair, après une certaine heure, se libère. Et c'est toute une floraison de débats pour spectateurs avertis et de téléventes à contenu explicitement sexuel. En Italie, on a calculé qu'il y a cinq cents émetteurs locaux qui, pour survivre, misent sur le sexe après minuit [3]. De l'idylle entre la pornographie et un autre petit écran, celui de l'ordinateur, on sait d'ailleurs déjà tout. Le sexe, c'est connu, génère un quart de l'ensemble du trafic sur Internet et en représente le business numéro un [4].

On pourrait continuer longtemps, en égrenant des données qui ne font que souligner

---

1. A. Weinberg, « L'industrie du sexe », in *Sciences Humaines*, n° 130, août-septembre 2002, p. 43.

2. C. Authier, *Le Nouvel Ordre sexuel*, Paris, Bartillat, 2002, p. 174.

3. A. Grasso, « Mezzanotte in tv, si accendono le luci rosse », in *Corriere della Sera*, 5 octobre 2003, p. 37.

4. A. Weinberg, *ibid.*

l'évidence. Mais en réalité, dans la société brésilianisée, le phénomène le plus intéressant n'est pas tant la diffusion à grande échelle de la pornographie que sa disparition. Dès lors que les confessions érotiques les plus crues battent Stephen King et John Grisham dans les classements des meilleures ventes ; dès lors que le cinéma d'auteur ne recule plus devant la représentation explicite du sexe ; dès lors que des téléfilms, des talk-shows, la télé-réalité font entrer dans tous les foyers des débats et des représentations de toutes sortes de perversions sexuelles, on peut dire à juste titre que la pornographie, comme genre, a disparu, en se diluant dans une culture de masse communément acceptée.

Jusqu'à une période récente, et même si c'était seulement en partie, deux stratégies culturelles étaient parvenues à faire obstacle à ce processus. D'un côté, la stratégie de l'Eglise, dans une certaine mesure récupérée par les instances scolaires et familiales, visait à lier la sexualité à la procréation, au cycle long de la reproduction de l'espèce, en marquant l'excès incontrôlable d'énergie sexuelle du stigmate de la pornographie, de la prostitution et des relations extraconjugales. De l'autre, la stratégie que Bauman qualifie de « romantique » visait à relier la sexualité à l'amour, en lui conférant dans ce cas également une dimension temporelle qui ne s'arrêtait pas au pur et simple acte sexuel[1].

Rien de tout cela ne survit dans l'érotisme brésilianisé. Qui ne se rattache ni à la reproduction de l'espèce ni à l'amour éternel des romantiques, et proclame son indépendance radicale. « L'autosuffisance de l'érotisme, la liberté de chercher le plaisir sexuel en soi sont élevées au niveau de norme culturelle, échangeant leur place avec leurs critiques qui ont été relégués dans la *Kunstkammer* des bizarreries culturelles et des fossiles d'espèces éteintes[2]. »

Pour le moraliste, tout acte sexuel improductif est une forme d'onanisme[3]. En revanche, dans ce domaine comme ailleurs, l'individu brésilianisé refuse toute forme de téléologie. Fermement agrippé au présent, il est allergique aux actes instrumentaux et tend à vivre chaque chose comme un but, et non comme un moyen. Dès lors, la sexualité devient une fin en soi, détachée de toute aspiration ultérieure.

Dans les écoles et les universités américaines, les couples de petits fiancés, héros de tant de comédies à l'eau de rose, ont disparu. A leur

---

1. Cf. Z. Bauman, *La Société assiégée*, Rodez et Paris, Editions du Rouergue/J. Chambon, 2005.
2. *Ibid.*, p. 278.
3. M. Maffesoli, *L'Ombre de Dionysos. Contribution à une sociologie de l'orgie*, Paris, Librairie des méridiens, Klincksieck et Cie, 1995, p. 48.

place se sont multipliés les FWB (« Friendships with Benefits ») : des amitiés avec bénéfices, où le mot « bénéfices » signifie un type ou un autre d'activité sexuelle. Si bien qu'ont été presque abolies les sorties en couple. On sort en groupe, puis des couples se forment, qui peuvent être chaque soir différents. Presque tout le monde a plus d'une « Friendship with Benefits » à entretenir. Et bien entendu, la vraie nouveauté se trouve dans l'attitude des jeunes filles : après s'être reconnues par millions dans la série télé à grand succès *Sex and the City*, elles en ont adopté les rites et les codes de comportement. « Dès le début, écrit la critique télévisée du *New York Times*, le message du show n'était pas seulement qu'on naît et qu'on meurt seul, mais qu'on aime aussi seul [1] » : c'est le prix à payer pour une éternelle jeunesse new-yorkaise, constellée de succès professionnels et de chaussures à six cents dollars la paire.

Dans son premier roman, *Politique*, Adam Thirlwell a bien montré la confusion des sentiments qui résulte d'une situation de ce genre. Ce n'est pas un hasard s'il a choisi de la décrire à l'aide de citations tirées d'œuvres de protagonistes de l'histoire du XXe siècle : Staline, Mao,

---

1. Cité in A. Furkas, « Sex and the City dice addio prima delle rughe », in *Corriere della Sera*, 21 juin 2003, p. 37.

Gramsci, Hitler. Ainsi, devant les sentiments de Moshe, garçon jaloux des rapports entre ses deux amies, l'auteur renvoie au concept d'hégémonie gramscienne : « Parce qu'il est mécontent du système qui s'est instauré, et qu'il lui manque pourtant le consensus nécessaire au renversement des rapports de force [1]. »

Ce n'est pas seulement un truc pour attirer l'attention. Il y a un fort élément politique, en effet, dans l'hédonisme de masse qui s'est emparé de notre vie quotidienne. C'est comme si, libérés des scories idéologiques, les aspects les plus hédonistiques de la contre-culture des années soixante avaient complété leur parcours de lente imprégnation du tissu social en allant se fondre dans les valeurs les plus traditionnelles de la bourgeoisie.

Jusqu'à il y a quelques années, l'éthique bourgeoise fondée sur le respect des règles et la recherche de l'efficacité, la prédominance des organisations et le culte du succès, gouvernait le monde des affaires. Pour leur part, les normes de la contre-culture gouvernaient le monde des arts et le débat intellectuel. Dans ce domaine, on tendait à contester la logique du profit et de l'efficacité, pour laisser libre cours à la créativité et à l'expression de chacun. Jusqu'à

____

1. R. Polese, « Sesso e politica, le relazioni pericolose secondo Adam », in *Corriere della Sera*, 23 août 2003, p. 31.

la fin des années quatre-vingt, les porte-drapeaux de la bourgeoisie et ceux de la contre-culture étaient considérés comme détenteurs de cultures radicalement inconciliables, de modes de vie absolument antithétiques.

Mais au début des années quatre-vingt-dix a commencé la grande fusion entre éthique bourgeoise et culture bohème. Le résultat atteint par les élites américaines des années quatre-vingt-dix est d'avoir créé un style de vie qui permet à chacun de jouir du succès, tout en restant un rebelle à l'esprit libre. En créant des entreprises de design, de publicité et de software, les membres de la nouvelle élite ont trouvé le moyen d'être des artistes tout en bénéficiant des stock-options. En utilisant des phrases de Burroughs dans des spots publicitaires pour Nike, et en glissant des mélodies des Rolling Stones dans leurs campagnes de marketing, ils ont réconcilié le style de la contre-culture avec les impératifs de l'entreprise [1].

Partant de la Silicon Valley, cette culture d'entreprise californienne fondée sur le culte de la jeunesse et la subversion des bureaucraties a commencé à se diffuser dans tout l'Occident. De son côté, le monde intellectuel a lui aussi connu une transformation historique. Malgré

---

1. Cf. D. Brooks, *Bobos in Paradise : The New Upper Class and How They Got There*, New York, Simon & Schuster, 2000.

la résistance de maîtres à penser antisystème comme Noam Chomsky, les porte-drapeaux de la contre-culture ont été absorbés par un appareil qui parvient désormais à recycler commercialement jusqu'aux composantes les plus radicales de la critique du système. La normalisation du prétendu cinéma indépendant et son incorporation dans le star system hollywoodien sont, de ce point de vue, un exemple éclairant.

Plus que tout autre, Bill Clinton a été le symbole et le moteur de ce gigantesque mélange de valeurs et de principes. Entre le joint et la new economy, entre Alan Greenspan et Monica Lewinsky, Clinton a incarné l'avènement, sur la scène américaine, des « bobos », les bourgeois-bohèmes. Il l'a fait sur le plan idéologique, hésitant entre le réformisme de François Mitterrand et l'opportunisme de Dick Morris[1]. Il l'a fait sur le plan politique, oscillant en politique étrangère entre les raisons de la force et celles du cœur. Et surtout, il l'a fait sur un plan personnel, en faisant cohabiter la compétence de l'enfant prodige avec le libertinage du hippie, l'autorité du leader mondial avec le relâchement de l'intellectuel de Berkeley.

Partout, à l'image de Bill Clinton, les baby-boomers ont glissé, parfois inconsciemment,

---

1. Conseiller en communication de Bill Clinton. *(N.d.T.)*

dans les plaisirs de la brésilianisation. Le culte des plaisirs de la table, par exemple, est dans l'air du temps. Il est naturel que s'y livrent des sujets hypersensibles au *Zeitgeist* comme les ex-soixante-huitards. La culture du vin et de la gastronomie est l'équivalent fonctionnel de la politisation extraparlementaire des années soixante-dix : un must, un thème de conversation inévitable dans les salons de la bourgeoisie progressiste. Ainsi, en Italie, la revue de gauche *Micromega* a consacré un numéro entier à « Nourriture et engagement ». Et dans toutes les villes américaines, des flots d'avocats progressistes sortent, le vendredi soir, de leurs « cabinets récemment restructurées, dans l'espoir de pouvoir étaler leur goût raffiné en matière d'huile d'olive [1] ». Dans le même temps, en Grande-Bretagne – pays traditionnellement peu apprécié pour sa gastronomie –, un jeune chef de vingt-sept ans, Jamie Oliver, devient une star en produisant en série des best-sellers et des émissions à succès comme autant de petits pains. Partout se multiplient des restaurants gastronomiques, des œnothèques, des boutiques de *delicatessen* et des bibliothèques entières de guides et de revues spécialisées, des cours de dégustation, des chaînes thématiques...

------

1. D. Brooks, *On Paradise Drive : How We Live Now (And Always Have) in the Future Tense*, New York, Simon & Schuster, 2004, p. 27.

C'est une mode, bien sûr. Ainsi qu'un nouveau symbole d'appartenance sociale. Mais surtout, ce culte de la table, métaphore de tous les plaisirs de l'existence, est également un des innombrables visages de la brésilianisation. Ce n'est pas un hasard s'il est combattu par tous les antivitalistes. « Qui mentem et qui ventrem sequitur » – ceux qui écoutent leur esprit et ceux qui écoutent leur ventre : déjà, au Ve siècle, saint Augustin opérait la distinction. Et, depuis lors, les intégristes, les moralistes et les calvinistes ont toujours banni les plaisirs de la table, considérés comme un attentat à la vertu. Même si plus tard la fable se répandit de banquets pantagruéliques, précisément dans les monastères. Comme celui que Goya représenta dans ses *Caprices*, et qu'il intitula « Nadie nos a visto » – « personne ne nous a vus »...

Aujourd'hui, à l'inverse, la brésilianisation conduit à exhiber tout ce qui était autrefois dissimulé. Ainsi remontent à la surface toutes les petites vanités liées à cette utopie corporelle, pour laquelle certains sont prêts à payer un prix fort élevé. Qu'on pense à Carlos, le terroriste le plus recherché au monde pendant deux décennies, capable d'exterminer l'équipe olympique israélienne comme de retenir en otages onze ministres du pétrole de l'OPEP réunis dans un hôtel de Vienne : il fut capturé à l'issue d'une intervention de liposuccion.

La démocratisation de l'orgie

Rien d'étonnant à ce que le corps soit au centre de toutes les préoccupations. D'un côté, c'est l'instrument qui permet d'apprécier les plaisirs de la brésilianisation : les grandes orgies collectives, la danse, le sexe, la table. De l'autre, c'est un symbole d'appartenance en soi, « notre plus bel objet de consommation », comme l'écrivait Baudrillard dans les années soixante-dix.

En tant que tel, le corps a engendré un véritable culte – à base de salles de gym et d'activités sportives, de produits cosmétiques et pharmaceutiques, de traitements de plus en plus improbables (du Shiro Dara, un filet de camomille très pure qu'on vous fait glisser pendant un quart d'heure sur le front, au « berceau d'Olos », qui vous fait régresser au stade prénatal).

Entre-temps, on a littéralement assisté à une explosion de la chirurgie esthétique. Les terroristes comme les chefs d'Etat y ont recours. On ne doit pas s'étonner par conséquent si, aux Etats-Unis, les liftings ont augmenté de 178 % en seulement cinq ans. Au début des années quatre-vingt-dix, on comptait déjà deux millions d'interventions par an, six fois plus qu'en 1980[1]. Un contexte de ce genre ne pouvait que faire accroître l'acceptabilité sociale d'un phé-

---

1. R.H. Frank, *Luxury Fever : Money and Happiness in an Era of Excess*, Princeton, Princeton University Press, 1999, p. 26.

nomène que certains continuent d'estimer discutable sur le plan de la déontologie médicale. Entre 1982 et 1992, le nombre d'Américains qui approuvent la chirurgie plastique a augmenté de 50 %, tandis que les avis contraires ont diminué de 66 % [1].

Mais, dans la société brésilianisée, le corps ne sert pas seulement à jouir des plaisirs individuels. Il sert surtout à participer aux grandes orgies qui, après la mort de Dieu et de Marx, sont devenues notre principal moyen de célébrer le fait d'être ensemble, la dimension collective de l'expérience humaine.

Qu'on pense à ces immenses célébrations sportives, musicales, qui regroupent des centaines de milliers de personnes dans un stade ou sur une place, et qu'Andreas Gursky a su, mieux que personne, représenter sur ses énormes photographies. Dans *Tote Hosen*, par exemple, des milliers de personnes réunies lors d'un concert de rock vivent un moment d'intense communion, les bras tendus vers le ciel, dans un mouvement qui, pour certains critiques, paraît dangereusement calquer le salut hitlérien... Mais c'est là, de nouveau, un réflexe francfortois : l'éternelle tentative de taxer de fasciste n'importe quel moment d'extase

---

1. E. Haiken, *Venus Envy : A History of Cosmetic Surgery*, Baltimore, Johns Hopkins University Press, 1997, p. 4.

fusionnelle, de célébration du fait d'être ensemble. Dans les grands regroupements collectifs, dans les orgies sportives et musicales des stades, dans la prolifération des discothèques et des lieux nocturnes il y a, beaucoup plus que l'embryon d'un totalitarisme naissant, la satisfaction d'un besoin instinctif de communication qui, loin de passer par les canaux du rationnel, emprunte la voie de l'ivresse collective. Mieux, c'est précisément le fait que cet instinct trouve, dans notre société, tellement d'occasions d'expression inoffensive, qui rend improbable un quelconque débordement totalitaire.

Il y a en effet quelque chose de naïf dans l'idée qu'une société puisse être gouvernée par la raison, sans que ses pulsions les plus profondes soient prises en considération. « Une cité, un peuple, un groupe plus ou moins restreint d'individus, qui n'arrivent pas à exprimer collectivement leur démesure, leur démence, leur imaginaire, se destructurent rapidement, et comme le remarquait Spinoza, méritent davantage " le nom de solitude [1] ". »

Refouler, réprimer la partie obscure, conduit inévitablement aux courts-circuits les plus violents, aux issues imprévisibles. Seule une dose homéopathique de folie diminue la possibilité d'explosions incontrôlées.

---

1. M. Maffesoli, *L'Ombre de Dionysos, op. cit.*, p. 24.

Pacifique, encadrée, l'utopie du carnaval permanent se matérialise aujourd'hui dans certains lieux qui en constituent les pôles émergents. Dans les dix kilomètres qui séparent Rimini de Riccione, il y a 190 discothèques, où, tous les soirs d'été, trois cent mille personnes passent la nuit [1]. A Benindorm, le Rimini espagnol, la densité de population est trois fois supérieure à celle de Mexico : 6 % du tourisme espagnol se concentre sur seulement sept kilomètres de côte [2]. Ces lieux, et d'innombrables autres, sont ceux où se pratiquent les rites de passage de la société brésilianisée.

Depuis toujours, les étudiants autrichiens, comme beaucoup d'autres jeunes gens de par le monde, célèbrent la fin de leurs études secondaires par un voyage d'été. Jusqu'à il y a quelques années, c'était l'habituelle petite aventure picaresque : un groupe d'amis, avec deux sous en poche, qui parcouraient les routes d'Europe. Aujourd'hui, tout a changé : au lieu d'improviser, presque la moitié des bacheliers autrichiens (onze mille en 2002, selon *Le Monde* [3]) s'en remet à *Splashline*, une agence spécialisée qui les met dans un charter, les conduit dans une localité balnéaire de la côte turque, distribue

---

1. A. Bonomi, *Il Distretto del piacere*, Turin, Bollati Boringhieri, 2000, p. 66.

2. MVRVD, *Costa Iberica. Upbeat To The Leisure City*, Barcelone, Actar, 2002, p. 125.

3. 10 juillet 2002.

des dizaines de milliers de préservatifs, de can-
nettes de bière et de vodka turque de qualité
douteuse, et les abandonne à eux-mêmes dans
un grand complexe hôtelier et de loisirs réquisi-
tionné pour l'occasion, avec quelques vigiles et
un ou deux disc-jockeys. De la sorte, l'ingénu
Maturareise se transforme en orgie préfabri-
quée, dont les jeunes gens ressortent après deux
semaines de danse, de boisson et de sexe, prêts
à faire officiellement leur entrée dans la société
brésilianisée du XXIe siècle.

Si telle est la voie empruntée par les rejetons
de la placide « Austria Felix », il n'est pas difficile d'imaginer ce qui se produit ailleurs.
L'année dernière aux États-Unis, par exemple,
le « film-réalité » *The Real Cancun* a fait
scandale. Il a permis à un public de parents
incrédules (et horrifiés) de découvrir en quoi
consistait vraiment le *spring-break*, les vacances
de printemps, que cent soixante-dix mille jeunes
Américains passent précisément chaque année à
Cancun, sur la côte est du Mexique. Sexe
effréné et grandes beuveries, évidemment, viennent confirmer par des images les données du
Journal of American College Health, qui sou-
tient que l'élève américain de sexe masculin, en
vacances, ingurgite en moyenne dix-huit bois-
sons alcoolisées par jour (dix pour les filles) [1].
Rien de neuf, là non plus, par rapport à ce qui

---

1. Selon le *Corriere della Sera* du 4 mai 2003.

avait lieu dans le passé. Toutefois, comme dans le cas autrichien, on voit apparaître un processus d'industrialisation et de massification de l'orgie, tel qu'on ne l'avait jamais vu par le passé.

La télévision est évidemment le véhicule par excellence de cette atmosphère, où l'émotion l'emporte sur la raison. Elle propage avec une rapidité inouïe de véritables épidémies thématiques. Des moments de « stress de synchronisation [1] » où des populations entières, en l'espace de quelques journées, et même de quelques heures, plongent dans un état d'anxiété et de surexcitation.

Par sa nature même, le média télévisé a réintroduit une dimension collective dans la diffusion des informations. La lecture est en effet un acte éminemment individuel, presque antisocial. Les mass média, au contraire, créent une atmosphère complètement différente, fusionnelle, favorable à la naissance de nouvelles dispositions sociales dominées par de nouvelles élites, dont nous ébaucherons les contours au chapitre suivant.

---

1. P. Sloterdijk, *Ni le soleil ni la mort*, Paris, Pauvert, 2003, p. 95.

3

La nouvelle superclasse

A la cour de Louis XV, toutes les dames étaient séduites par l'élégance du vicomte de Guilleragues, qui portait avec une imperturbable prestance des habits aux tissus très fins, même au cœur de l'hiver. « Quel est donc votre secret ? », lui demanda finalement la jeune comtesse de Brégy, ne résistant plus à la curiosité. « Je meurs de froid », répondit-il.

Une infinité d'auteurs ont raconté l'histoire fascinante du processus de civilisation : ce lent parcours fait d'approximations successives, qui permit à l'homme de dominer ses instincts primordiaux pour les soumettre à des formes de self-control de plus en plus rigides. Norbert Elias a attribué cette évolution à la différenciation progressive des fonctions sociales [1]. Plus une société se développe et plus s'accroît le nombre d'interlocuteurs auxquels chaque indi-

---

1. Cf. N. Elias, *La Dynamique de l'Occident*, Paris, Calmann-Lévy, 1975, p. 185.

vidu est tous les jours confronté. Si, dans un contexte primitif, chacun tend à « faire par lui-même », en pourvoyant de manière autonome à la satisfaction de ses exigences et à celles de sa famille (en allant à la chasse pour se nourrir, en construisant sa maison pour se protéger des intempéries, etc.), dans une société évoluée, les fonctions se différencient, et chacun tend à se spécialiser en instaurant des formes d'inter-action et d'échange avec un nombre toujours plus grand de sujets, eux aussi spécialisés.

Bien sûr, cette exigence accrue de confrontation avec les autres porte en soi une disponibi-lité corrélative à réprimer ses pulsions pour différencier et contrôler ses gestes, en leur don-nant plus de fermeté et de régularité. Dans une société civilisée, celui qui parvient à réfréner ses instincts et ses émotions en retire de grands bénéfices sociaux. Plus on monte dans la hié-rarchie, et plus on rencontre par conséquent de sujets capables d'autocontrôle. Jusqu'à en arri-ver au modèle incarné par l'homme de cour de La Bruyère : « Un homme qui sait que la cour est maître de son geste, de ses yeux et de son visage ; il est profond, impénétrable ; il dissi-mule les mauvais offices, sourit à ses ennemis, contraint son humeur, déguise ses passions, dément son cœur, agit contre ses sentiments [1]. »

______

1. Cité in *ibid.*, p. 243.

A y regarder de près, c'est à ce modèle qu'en bien ou en mal se sont conformées les élites sociales qui ont remplacé les courtisans de l'Ancien Régime. Précisément comme le personnage de La Bruyère, en effet, les *homines novi* qui ont pris le contrôle des affaires et de la politique dans le monde bourgeois ont fondé une bonne part de leur pouvoir sur une capacité supérieure de rationalisation et de maîtrise de soi.

Cela ne signifie pas que les humeurs **et les** passions n'ont pas joué un rôle essentiel **dans** les péripéties des classes dominantes au cours des trois derniers siècles. Mais simplement que, dans la majeure partie des cas, ces pulsions primordiales ont dû se conformer à des codes de communication et de comportement « civilisés ». En pratique, si on part de la tripartition freudienne entre un Ça, source de pulsions primordiales, un Moi conscient et médiateur et un Surmoi déterminé par le contexte social, on pourrait affirmer que les vieilles élites étaient des élites surmoïques. A l'intérieur desquelles le Moi tendait à s'identifier avec le Surmoi, en réprimant le Ça.

Il est peut-être vrai, comme le disait Fitzgerald, que le Surmoi est cette partie de la personnalité soluble dans l'alcool. Le fait est que, pendant des siècles, les élites surmoïques ont représenté un modèle singulièrement résistant, qui a imposé des règles de comportement et de savoir-vivre à la société occidentale dans son ensemble. La caractéristique distinctive des élites est en effet de se poser en modèle de bonne société offert à l'admiration des contemporains. Et, l'imitation étant la forme la plus sincère d'admiration, il n'est pas difficile de constater à quel point l'exemple de ces élites civilisées a influencé le développement de l'ensemble du corps social. De même que la société de cour a représenté un modèle pour les élites bourgeoises montantes, de même les coutumes et les habitudes de la bourgeoisie marchande, industrielle et politique ont été enviées et imitées, avec un effet en chaîne qui, partant des sommets de la pyramide sociale, en arrivait à conditionner les aspirations et les comportements de tous.

Par le passé, demander aux gens quels étaient leurs modèles dans la société signifiait s'entendre dresser des listes d'hommes d'Etat, d'écrivains, d'hommes d'affaires. En 1898, un sondage mené auprès de 1 440 adolescents américains révéla que 80 % de leurs idoles se trouvaient dans des figures de l'histoire ou de la politique, 12 % chez des gens de lettres. Répétée en 1986, la recherche a donné le résultat suivant : 1. Bill Cosby ; 2. Sylvester Stallone ; 3. Eddie Murphy ; 4. Ronald Reagan ; 5. Molly Ringwald ; 6. Chuck Norris ; 7. Clint Eastwood ; 8. Rob

Lowe; 9. Arnold Schwarzenegger; 10. Don Johnson. Tous des acteurs, y compris le seul homme politique cité.

Rien d'étrange, dira-t-on. La société évolue, et avec elle se modifient les paramètres de référence. Une société de l'information, cimentée par le pouvoir exorbitant des médias, ne peut que générer une nouvelle élite de personnages du show-business. Mais le problème, c'est que pour la première fois s'inversent les critères que Norbert Elias place à la base de la formation d'une élite civilisée. Une seule caractéristique réunit, en effet, les élites de la société de l'information : la capacité d'attirer vers soi l'attention du public. Dans un contexte de surabondance d'informations, l'attention est une denrée rare, infiniment recherchée par tous ceux qui ont quelque chose à vendre.

Alors que, pour sortir vainqueur de l'intrication complexe des trames de la politique et des affaires, on a besoin des dons d'autocontrôle et de dissimulation qu'Elias attribuait aux élites civilisées, la plupart du temps, pour faire partie de l'élite de l'attention, on a besoin de dons opposés. Pour canaliser le regard, il est souvent plus utile de se laisser aller que de se retenir. Le manager qui détruit les meubles de sa chambre d'hôtel perd son poste. La *rock-star*, en revanche, accroît son charisme. Une histoire de sexe peut servir à détruire la carrière d'un homme politique (surtout dans les pays anglo-saxons) ou à relancer celle d'un acteur.

Elle crie, elle chahute, elle passe toute sa vie en public, la nouvelle élite de l'attention. Jusqu'au paroxysme des nouvelles stars des reality shows, où « la part d'ombre, la cruauté, les excès affectifs ne sont plus cantonnés, et protégés, par la solidité du mur de la vie privée, mais sont théâtralisés, mis dans le " pot commun " [1] ».

Si l'élite bourgeoise se laissait guider par le Surmoi, l'élite de l'attention est soumise aux pulsions primordiales du Ça. Sous son joug, le monde retombe dans l'ère de ceux qu'Elias appelait les guerriers, qui avaient dominé l'ère précédant la civilisation. Le guerrier vit dans le présent, satisfait ses pulsions, ne pense pas au futur. Son monde est celui des oscillations extrêmes : « Les guerriers ont toute latitude d'extérioriser leurs sentiments et leurs passions, ils peuvent se livrer à des joies sauvages, assouvir leurs appétits sexuels, donner libre cours à leur haine en dévastant tout ce qui appartient, de près ou de loin, à l'ennemi [2]. »

Si le tableau vous paraît excessif, c'est que vous n'allumez pas la télévision depuis quelque

---

1. M. Maffesoli, *Notes sur la postmodernité : Le lieu fait lien*, Paris, Editions du félin – Institut du Monde Arabe, 2003, p. 115.

2. N. Elias, *La Dynamique de l'Occident*, *op. cit.*, p. 196.

temps. Essayez de vous brancher sur MTV. Dans la société de l'adolescence perpétuelle[1], où la jeunesse n'est plus un stade transitoire, mais plutôt une aspiration permanente, la télévision des clips vidéo donne le *la*. En 1992, elle a été la première à lancer la télé-réalité, sept ans avant que *Loft Story* fasse son apparition sur les écrans hollandais. Dans *The Real World*, sept jeunes gens recrutés par la production cohabitaient dans un loft new-yorkais pendant trois mois, sous le regard vigilant des caméras, 24 heures sur 24. Il en résultait une sorte de téléfilm-vérité : treize épisodes de trente minutes chacun, remplis d'accès de colère, de flirts, de pleurnicheries. Depuis lors, on sait le chemin parcouru par le concept de « télé-réalité », qui a transformé les télévisions du monde entier en arènes électroniques où des gladiateurs plus ou moins célèbres luttent pour la survie dans des tournois de plus en plus humiliants, dont le seul but est de mettre en scène des situations et des réactions extrêmes et incontrôlées.

Mais revenons à MTV, qui, entre-temps, a poursuivi sa marche en avant. Avec *The Osbournes*, retransmission à grand succès de la vie privée de la famille d'Ozzie Osbourne (une star du rock qui avait l'habitude de dévorer des

---

1. Cf. J. Epstein, « The Perpetual Adolescent », in *The Weekly Standard*, n° 26, 15 mars 2004.

chauves-souris vivantes sur scène), MTV a trouvé la recette miracle. Au-delà du chaînon manquant entre l'homme et le singe, « Les Osbournes », reproduit aujourd'hui par toutes les MTV du monde, représente aussi celui entre la télé-réalité et l'autre genre montant sur les écrans de la terre entière : le « Life-style » magazine, l'émission qui exalte le culte de la célébrité, en entrant dans l'intimité des super-stars. On a l'impression qu'il n'y a rien d'autre, sur les écrans de MTV : de *Cribs*, émission entièrement consacrée aux résidences pharao-niques des stars, à *The fabulous life of...*, monographies sur leurs styles de vie, avec des prix en surimpression pour comptabiliser leurs folles dépenses (la collection de chaussures de gymnastique du rappeur Nelly ? 500 000 dol-lars ; la valeur cumulée de ses seuls pendentifs de brillants ? 6 millions...) ; de *Punk'd*, caméra cachée qui a pour protagonistes les visages habituels et connus, à *I want a famous face*, où des adolescents ingénus se soumettent à des interventions de chirurgie plastique, avec l'amoureuse assistance de MTV, pour ressem-bler encore plus à leurs idoles (parmi les articles les plus demandés, les yeux de Heather Graham et ceux de Brad Pitt, le menton de Cate Blan-chett et celui de Russel Crowe, les lèvres de Denise Richards et celles de Benicio del Toro).

En pratique, une génération entière, celle des teenagers actuels, grandit à partir d'une comparaison continuelle, précise, impossible, avec la vie des superstars.

Mais MTV n'est que le sommet de l'iceberg. Dans l'Europe entière, les émissions les plus suivies sont celles qui mettent à l'épreuve des personnages connus (*La Ferme célébrités*) ou qui donnent à des inconnus la possibilité de se faire connaître (*Star Academy, Koh-Lanta*). En Italie, en 2004, *Il Grande Fratello*, le Loft Story local, a battu pour la première fois le Festival de San Remo dans la course au taux d'audience.

C'est d'accord : éteignez la télévision, sortez de chez vous. Dans l'Europe entière, les hebdomadaires les plus vendus sont ceux qui racontent, photos en couleurs à l'appui, la vie, les amours, les vacances et les infidélités des VIP : acteurs, chanteurs, animateurs de télé, protagonistes des reality shows. En France, *Voici* a quatre millions deux cent mille lecteurs chaque semaine, *Gala, France Dimanche* et *Ici Paris* en ont tous plus de deux millions [1].

Partout s'intensifie le pilonnage lié au culte de la célébrité : toutes les ressources de la société de l'information sont mobilisées pour exalter le style de vie privilégié de stars ou de pseudo-stars. Et c'est ainsi qu'apparaît une nouvelle hiérarchie de classe.

---

1. *Le Monde*, 4 novembre 2003, p. 19.

Le véritable discriminant social distingue de plus en plus ceux qui parviennent à catalyser sur eux l'attention des autres de ceux qui en sont réduits à la condition un peu humiliante de « public », de prestataires d'attention passive, bombardés de continuelles sollicitations à célébrer le style de vie de la nouvelle super-classe.

Il ne faut pas s'étonner si, dans un tel contexte, l'aspiration la plus répandue est désormais celle de passer de l'autre côté de l'écran, pour devenir finalement l'objet de l'attention générale. Regardez autour de vous. Demandez par exemple à un adolescent ce qu'il voudrait trouver sous le sapin de Noël. Un sur deux, selon le *Corriere della Sera*, vous répondra « passer à la télé ». Le quart d'heure de gloire pour épater les amis. Ou bien, adressez-vous aux jeunes filles : que feriez-vous si vous gagniez à la loterie ? 35 % d'entre elles répondront qu'elles se procureraient une place de présentatrice télé [1].

Selon les observateurs les plus attentifs, il se produit à la télévision un phénomène dont on parle depuis longtemps dans l'édition : on ne lit plus de livres, parce chacun est trop occupé à écrire. Et personne ne regarde plus la télévision (ces dernières années, le public a beaucoup changé, il s'est marginalisé) parce que tout le

---

1. Cf. A. Grasso, « In tv, in tv », art. cité, p. 1.

monde désire faire de la télévision[1]. Et donc explose « un phénomène de masse, qu'on peut seulement comparer aux grands exodes bibliques, aux transhumances de l'après-guerre, aux assauts vers les fours de la faim chez Manzoni. Des dizaines de milliers de jeunes, des armées de tamagotchis, qui se déplacent en bande d'un plateau à l'autre. Ce sont les forçats des castings, spasmodiquement tendus vers la richesse et la célébrité[2] ». Telles ces aspirantes starlettes de la télé, qui montent à l'assaut des studios de Canale 5 : « Une marée ondoyante de Valentina, Romina, Francesca, Raffaella, Alessia, le ventre découvert, maquillées comme pour une grande soirée, cheveux châtains pour la majorité d'entre elles, quelques rousses, de rares blondes crédibles, venues de tous les coins d'Italie, parfois avec leurs mères, leurs fiancés compréhensifs mais nullement idiots, et aussi des compagnes d'écoles habituées à leur souffler les réponses aux questions les plus difficiles[3]. » Exodes bibliques, transhumances : les chroniqueurs deviennent lyriques quand il s'agit de décrire le carnaval de la célébrité à tout prix, le manège des nouveaux candidats. Mais pour une fois, il ne s'agit pas d'exagérations. Mieux,

---

1. Cf. A. Grasso, « In tv, in tv », art. cité, p. 1.
2. G. Dotto, « Professione aspirante », in *L'Espresso*, 18 juillet 2000, p. 83.
3. G.L. Paracchini, « Anche quarantenni tra le aspiranti veline », in *Corriere della Sera*, 22 mai 2002, p. 22.

ils ont du mal à rendre compte des transformations en cours, qui ne concernent pas seulement le monde des médias et du spectacle, mais vont bien au-delà, changeant les règles de l'économie et de la politique.

Qu'on pense aux pratiques de consommation, dont beaucoup d'auteurs, depuis Thornstein Veblen, ont mis en évidence la composante d'autoreprésentation. Dès 1968 [1], puis encore en 1970 [2], Baudrillard a opéré une distinction entre fonction et représentation des objets : la machine à laver qui, en même temps, *sert* comme outil et *joue* comme élément de prestige ; la logique des signes, qui fait que les objets ne sont plus liés à une fonction ou à un besoin définis, parce qu'ils répondent à une autre raison : la représentation sociale ou le désir.

La logique carnavalesque de la consommation, qui pousse à accumuler des objets pour se mettre en scène par rapport aux autres, n'est donc pas nouvelle. Mais ce qui a changé, c'est le paramètre de référence. Jusqu'à il y a quelque temps, on se comparait aux voisins. Aujourd'hui, on se compare aux VIP, dont la vie et les styles de consommation sont

---

1. Cf. J. Baudrillard, *Le Système des objets*, Paris, Gallimard, 1968.
2. Cf. J. Baudrillard, *La Société de consommation*, Paris, Denoël, 1970.

constamment représentés par les médias. Ainsi, la jeune comptable de Malaga, au lieu de se mesurer avec ses ex-compagnes de lycée, tendra à se comparer à Carrie, l'héroïne de *Sex and the City*. De même, les gamins des ghettos de Philadelphie prendront pour modèle le rappeur Puff Daddy, beaucoup plus que leurs parents.

Si rares encore sont ceux qui peuvent se permettre un style de vie constamment baigné dans le luxe, presque tous peuvent, de temps à autre, s'offrir un extra. Qui les catapulte, un instant, dans le monde enchanté des superstars, grâce à une paire de chaussures signée Manolo Blahnik ou une ceinture signée Gucci[1]. Ce n'est pas un hasard si presque toutes les grandes maisons de haute couture retirent l'essentiel de leurs bénéfices de la vente d'accessoires...

Même pour le temps libre, le mot d'ordre est de « s'afficher en vitrine ». Bars, restaurants, discothèques n'ont de succès que s'ils attirent les stars, qui à leur tour attireront les aspirants, fiers de débourser trois cents euros pour une bouteille de vodka pourvu qu'ils soient en vitrine, qu'ils soient vus au bon endroit.

La superclasse a les pouvoirs de Midas, elle transforme en or tout ce qu'elle effleure : vêtements, restaurants, cuisiniers, coiffeurs. Il suffit de croiser la route d'un de ses membres pour

---

1. Cf. M.J. Silverstein, N. Fiske, *Trading up : The New American Luxury*, New York, Penguin, 2003.

vivre une expérience de palingénésie, de renaissance et de métamorphose. La maquilleuse des divas se réincarne ainsi en *make-up artist* et sort à son tour une ligne de produits de sa marque. La boutique de l' « Arabe du coin » se transforme en épicerie fine digne des *Mille et Une Nuits*. Le cuisinier quitte ses fourneaux et ouvre des restaurants à son nom de King's Road à Shinjuku.

Mais tout cela ne suffit plus. Non contente d'exercer un pouvoir de fait sur les esprits et les corps de ses sujets, la superclasse tend désormais à en demander la reconnaissance formelle. Il arrive ainsi que ses représentants soient de plus en plus souvent en première ligne, y compris dans l'arène politique.

Aux Etats-Unis, le cycle ouvert par Ronald Reagan ne s'est pas refermé. Comme le montre le fait qu'aujourd'hui, on trouve au pouvoir non pas un politicien professionnel, mais un membre de la superclasse de l'attention, ayant atteint la célébrité naturellement, en tant que fils de Président. De la même manière, il a suffi à Arnold Schwarzenegger d'entrer en lice pour bouleverser toutes les prévisions électorales, en restituant aux Républicains le gouvernement du principal Etat de l'Union.

En Italie, plus que sur la base d'obscures manipulations, le succès électoral de Silvio Berlusconi se fonde depuis dix ans sur sa qualité de star, brillante dans le contexte gris de la politique parlementaire. Il en va de même pour Christoph Blocher en Suisse et Thaksin Shinawatra en Thaïlande.

Ainsi se boucle la boucle de la politique « spectacle ». Avec une seule issue logique possible : la prise du pouvoir direct par des *showmen* et d'autres membres, à titres divers, de l'élite de l'attention.

4

Le self-service de l'âme

« Le Brésilien est un homme qui désire passionnément habiter à Paris. » Il suffit de faire le tour des quartiers riches de la zone sud de Rio pour s'apercevoir de la pertinence de l'ironie de Gobineau. Les copropriétés au bord de l'Atlantique s'appellent « Deauville », « Saint-Tropez », « Croisette ». Quant aux meilleurs restaurants, ils ont pour nom « Le Pré Catelan », « Saint-Honoré », « Monseigneur ». Sans parler des coiffeurs, des commerces, des discothèques.

Dans la culture brésilienne, il y a tout un courant qui regarde depuis toujours de l'autre côté de l'océan, qui envie le raffinement et les luxes parisiens, qui croit inconditionnellement à la force de la raison. C'est cette mentalité qui a fait inscrire la devise d'Auguste Comte, « Ordre et Progrès », sur le drapeau national ; elle qui a transformé Benjamin Constant en une sorte de héros national ; elle qui nous a offert la folle utopie de Brasilia.

Toutefois, c'est depuis toujours un monde qui doit compter avec la honte. Honte parce que, malgré tous les efforts prodigués, le Rio Branco n'est pas un grand boulevard, et près de l'Opéra de Manaus, malgré les marbres de Carrare et les miroirs vénitiens, on ne trouve pas de café Florian pour déguster un bon chocolat chaud.

Plus sérieusement, la honte qui accompagne l'identification nationale d'une partie des élites brésiliennes est véritable. Elle est liée à la composition raciale très particulière du pays. Au contraire du « melting-pot » nord-américain, qui reste pourtant, comme l'a expliqué Michael Walzer, une citoyenneté d'Américains en pointillés, le Brésil est vraiment un pays de métis. 80 % de la population, ici, est métisse. Il est vrai qu'au Brésil il y a plus de Noirs que dans n'importe quel autre pays au monde (excepté le Nigeria), plus de Japonais que partout ailleurs (en dehors du Japon), et environ trois cent cinquante mille Indiens appartenant à une centaine de tribus (dont certaines ne sont pas encore entrées en contact avec l'homme blanc). Mais l'évidence, ici, est surtout celle d'une communion raciale à nulle autre pareille. C'est le fruit de la colonisation portugaise qui, un peu par calcul, un peu par hasard, a favorisé le mélange des races. En l'encourageant même par la loi – comme en 1775, lorsque le marquis Pombal établit que les conjoints de mariages mixtes ne devaient subir aucun préjudice, et qu'au contraire les charges publiques leur étaient ouvertes, de même qu'à leurs enfants et descendants.

Les élites brésiliennes ont toujours été honteuses de ces mélanges. Au point que, dans sa réflexion sur les *Racines du Brésil*, un grand intellectuel comme Serge Buarque de Holanda en arrive lui-même à décrire ainsi l'influence de la culture africaine sur le caractère national : « Tortueuse jusque dans la violence, négatrice des vertus sociales, freinant et anesthésiant toute énergie réellement productive, la " morale des *senzalas* [1] " a fini par dominer dans l'administration, l'économie et les croyances religieuses des hommes du temps [2]. »

Dans la vision des élites brésiliennes, le mélange racial a été longtemps considéré comme la cause de tous les maux. Et, en premier lieu, de cette incapacité à se plier aux exigences de la modernité, qui caractérise depuis toujours un peuple païen et cordial, pour qui l'émotion du mouvement prime presque toujours sur les raisons de l'ordre.

On ne compte plus, par conséquent, les tentatives de politiciens et d'intellectuels pour

---

1. Habitations des esclaves noirs en marge de la maison des maîtres.

2. S. Buarque de Holanda, *Racines du Brésil*, Paris, Gallimard, coll. « Tel », 1998, p. 91.

redresser la barre de l'identité brésilienne. Avec ce résultat que, tant que les avant-gardes sont restées prisonnières de leurs complexes d'infériorité, elles n'ont fait que produire un académisme suranné et poussiéreux, qui singeait les modes européennes sans montrer la moindre originalité.

A l'inverse, quand ils ont su se débarrasser des stéréotypes d'importation pour puiser dans la surabondance vitale qui les entourait, les artistes brésiliens ont vraiment innové.

« La poésie existe dans les faits. Les cabanes safran et ocre dans la verdure de la favela, sous le bleu intense du ciel, sont des faits esthétiques. » Tels sont les premiers mots du manifeste *Pau Brasil*, par lequel, au début des années vingt, Oswald de Andrade ouvre la saison du modernisme brésilien. Il ne faut pas s'étonner qu'un humus de ce genre ait fait naître, quelques années plus tard, le premier et le plus bel hymne littéraire à l'hybridation des peuples et des cultures jamais écrit. « Tout Brésilien, même quand il est clair et qu'il a les cheveux blonds, porte dans l'âme [...] l'ombre ou la marque de l'indigène ou du nègre. [...] Dans notre manière d'être tendres, dans notre mimique excessive, dans notre catholicisme qui est un délice des sens, dans notre musique, dans notre manière de marcher, de parler, dans les cantiques qui ont bercé notre enfance, bref dans toutes les expressions sincères de notre vie, l'influence nègre est patente [1]. » Ce sont des mots écrits en 1933 (oui, précisément l'année où Hitler prenait le pouvoir en Allemagne...), par Gilberto Freyre, le fondateur de l'identité brésilienne contemporaine.

A une époque où, même dans l'Europe très civilisée, la pureté raciale était estimée comme un bien à sauvegarder contre la décadence corruptrice du métissage, Freyre a entonné un hymne – à mi-chemin de l'essai scientifique et de l'œuvre littéraire – au croisement des races. Pour la première fois, l'extraordinaire patrimoine de mélange racial et culturel brésilien était considéré comme une richesse, une ressource pour le pays, et non comme un handicap irrécupérable.

En valorisant la pluralité, la tolérance, la dimension relationnelle du caractère brésilien, Freyre a libéré les élites de leurs complexes. Mieux, il a donné du courage à des générations entières d'intellectuels et d'artistes qui, dans son sillage, ont su faire fructifier les ressources de la culture nationale. Dans le souvenir de Jorge Amado, le grand écrivain bahianais, le plus extraordinaire fut de voir apparaître dans ce contexte provincial un homme ayant fait des études universitaires, qui n'était pas un étran-

---

1. G. Freyre, *Maîtres et esclaves : La formation de la société brésilienne*, Paris, Gallimard, 1974, p. 261.

ger, et qui fréquentait l'univers du *candomblé* [1], appréciait la bonne cuisine brésilienne, et reconnaissait la meilleure cachaça. Un homme avide de vie et de rire, qui enseignait que c'était seulement en vivant qu'on pouvait apprendre la science des livres [2].

Dès lors, inspirés par la redécouverte des villes baroques du Minas Gerais, enflammés par les danses du carnaval de Rio, une poignée d'artistes commencent à se rendre compte de la richesse de la culture brésilienne. Non pas la culture asphyxiée des élites, mais la culture, exubérante, du peuple des campagnes et des favelas. Ainsi s'introduit la dynamique culturelle qui offrira au Brésil et au monde entier des produits aussi divers que la samba et les *tele-novelas*, la bossa-nova et le tropicalisme.

Cette dynamique se fonde sur deux mécanismes : à l'horizontale, une tendance à combiner cultures, traditions, et matériaux provenant des origines différentes qui font la richesse de la culture brésilienne ; à la verticale, une aptitude, chez les élites culturelles, à puiser dans ce bassin, au lieu d'imposer de haut des solutions préfabriquées. En contribuant ainsi au développement d'une sorte de culture pop *ante litte-*

---

1. Rite musical et religieux, qu'on peut rapprocher des pratiques vaudou. (*N.d.T.*)

2. Cf. D. Ribeiro, *Gentidades*, Porto Alegre, L & PM, 2001, p. 10.

ram, qui supprime les hiérarchies dans un jeu continuel d'échanges entre le haut et le bas, le sublime et le trivial, l'aristocratique et le populaire.

C'est ce double syncrétisme, horizontal et vertical, qui a permis au Brésil d'assumer un rôle si important dans l'imaginaire occidental. Cette capacité, encore plus prononcée qu'aux Etats-Unis, de produire un univers pop, fait de musique et de *futebòl*, de jaune et de vert (les couleurs les plus en vogue sur les tee-shirts des adolescents du monde entier, ces dernières années) et de minuscules maillots de bain, aurait facilement fait échec à toutes les concurrences si elle avait été soutenue par une puissance économique un peu plus solide.

Même sous cet angle, le monde s'est plus brésilianisé qu'américanisé. Non tant parce qu'il a adopté les stylèmes pop brésiliens (comme toutes les modes, la récente mode du Brésil est passagère), mais plutôt parce que notre culture elle-même, avec beaucoup de retard par rapport à celle du Brésil, a été transformée sous l'impact d'une double interpénétration.

D'un côté, à l'horizontale, la globalisation a engendré un énorme mélange de peuples et de traditions, qui ne commence que maintenant à produire ses effets les plus profonds. Dans un premier temps, l'échange a surtout été à sens unique. Les Etats-Unis ont imposé une plate-forme faite de technologie et de marché, qui a favorisé la diffusion de la culture américaine dans le monde entier. Mais aujourd'hui le déploiement de l'économie de l'imaginaire, au centre de laquelle se trouvent des symboles plus que des marchandises, offre de nouvelles opportunités à d'autres cultures. Si bien que la plate-forme globale, de matrice américaine, s'ouvre de plus en plus à des contenus provenant de sources diverses. Ce n'est pas un hasard si, en août 2004, un film chinois (*Hero*, de Zhang Yimou) est arrivé pour la première fois en tête du box-office américain. Ce n'est pas seulement l'Europe, c'est le cœur même d'un empire considéré par beaucoup comme en phase de repli hargneux, qui se révèle plus que jamais perméable à la différence.

Du reste, n'est-ce pas aux Etats-Unis que l'état civil a transformé une fois pour toutes le concept de race en permettant à chaque citoyen, à l'occasion du dernier recensement, d'identifier lui-même sa race, dans le cadre de soixante-trois combinaisons possibles à partir des six catégories raciales de base ?

L'E.A., l'*Ethnically Ambiguous*, n'est pas une mode passagère. Au contraire, l'E.A. a de solides racines dans un monde de plus en plus interconnecté, où la logique de la communication dans l'espace a pris la place de celle de la transition dans le temps.

D'autre part, même chez nous, le syncrétisme ne se borne pas à agir à l'horizontale, en mêlant les cultures et les *genius loci*, mais elle pénètre aussi à la verticale, en faisant exploser les anciennes hiérarchies. Qu'on prenne le cas de l'art contemporain. Dans les années soixante, Andy Warhol a mis un terme à l'histoire de l'art en affirmant la possibilité que n'importe quoi se transforme en art, y compris deux paquets de lessive. Mais si tout peut être de l'art, cela veut dire que la distinction entre art et non-art n'est plus liée ni à l'objet produit, ni au sujet producteur, et qu'elle ne peut être établie à l'œil nu. Au contraire, la distinction entre les deux catégories prend un caractère philosophique, et en arrive à dépendre du contexte dans lequel l'œuvre a été produite. Les *Brillo Boxes* n'auraient pas pu être considérées comme de l'art à la Renaissance. En revanche, dans les années soixante du XXe siècle, c'est devenu envisageable. S'il en va ainsi, cela signifie que tous les styles peuvent être considérés comme de l'art, et que personne ne peut plus prétendre incarner la seule vérité possible, comme cela s'était toujours produit par le passé. Les hiérarchies s'effondrent et les écoles, au lieu de se succéder, sont forcées de cohabiter, sans qu'aucune ne soit jamais légitimée à revendiquer une quelconque supériorité ontologique [1]. Il y a plus : Andy Warhol s'intéresse explicitement, et

---

1 Cf. A. Danto, *Après la fin de l'art*, Paris, Seuil, 1996.

avec envie, aux produits de consommation de masse : « J'aurais voulu pouvoir inventer quelque chose comme le blue-jean. Quelque chose dont on se souvienne. Quelque chose de fantastique », écrit-il [1].

Depuis lors, ce type d'attitude s'est généralisé. Et tous, artistes et créateurs, regardent de plus en plus attentivement vers le bas, vers la rue, vers les jeunes, en quête de stimulation et d'inspiration. Ce n'est sans doute pas un hasard si la dernière Biennale de Venise, en 2003, était consacrée à la « Dictature du spectateur »...

Prenons le cas de la mode. Pour dessiner leurs collections, les stylistes de la haute couture, comme ceux des industries vestimentaires de grande consommation, s'en remettent de moins en moins à leur fantaisie personnelle et de plus en plus aux *street watchers* et aux cabinets de style qui envoient partout dans le monde leurs émissaires à la recherche de tendances, surtout juvéniles, nées dans la rue.

Plus généralement par ailleurs, les dynamiques de la mode donnent un parfait exemple du double mélange, horizontal et vertical, qui caractérise la brésilianisation.

Selon les experts, jusqu'à la fin des années quatre-vingt le monde de la mode était caractérisé par une sorte de tribalisme. La complexité

---

1. A. Warhol, *Ma philosophie de A à B*, Paris, Flammarion, 1977, p. 21.

sociale croissante, la segmentation des marchés, la démocratisation des biens de consommation, avaient donné naissance à une myriade de sous-groupes – précisément de tribus – qui s'opposaient les unes aux autres sur la base d'une appartenance (« nous » contre les « autres »). A partir des années quatre-vingt-dix, au contraire, l'idéologie de la communication a détruit toutes les barrières, même celles des tribus post-modernes : les milieux culturels, les registres, les styles ont commencé à se confondre et à se mêler en cocktails explosifs à l'obsolescence accélérée. Ce qui a fait germer le *crossover*, une nouvelle sensibilité syncrétique et inclusive, et non pas sectaire et exclusive. Aujourd'hui, la mode n'est plus faite de tribus qui se regardent en chiens de faïence, mais est plutôt un gigantesque réservoir à l'intérieur duquel chacun puise ce qui l'inté-resse le plus [1].

Le même shaker syncrétique est à l'œuvre dans tous les domaines. Du plus évident, comme la musique, au plus curieux, comme la viti-culture, ainsi que l'a montré un beau docu-mentaire [2].

---

1. Cf. N. Barile, « Communifashion », in A. Abruzzese, N. Barile (éd.), *Communifashion. Sulla moda, della comu-nicazione*, Rome, Luca Sussella, 2001.
2. *Mondovino*, de Jonathan Nossiter.

Aucun domaine de la culture contemporaine n'a été épargné par cette forme de brésilianisation. Qu'on pense à la religion. Si l'une des caractéristiques fondamentales du processus de modernisation a été le confinement du fait religieux à l'intérieur de lieux et d'institutions bien définis, en le bannissant des autres domaines de la vie publique, la brésilianisation agit en sens inverse. Sous son impulsion, la religion se déréglemente : elle abandonne les institutions et les hiérarchies pour courir à nouveau librement dans le monde, en imprégnant l'ensemble de la société. Deux mouvements se dessinent : d'une part, l'affaiblissement continuel de la religiosité traditionnelle liée à une transmission familiale, à une Eglise, par un ensemble de préceptes ; d'autre part, la tension vers une forme de spiritualité qui permet de donner une réponse aux multiples interrogations angoissées que l'avenir continue de poser à chacun.

Quoique la modernité se soit émancipée de la religion, sa dynamique reste pourtant à caractère religieux. Les sociétés modernes vivent dans un état d'anticipation constant : c'est vrai dans le domaine de la science, où chaque nouvelle découverte fait naître autant de nouvelles questions qui demandent un effort cognitif redoublé ; c'est également vrai dans le domaine de l'économie, où l'augmentation des biens produits et des moyens de production fait naître des besoins toujours nouveaux. La dynamique utopique de la modernité est dans ce culte de l'innovation, lui-même lié à un état d'insatisfaction permanente. Cette logique crée une demande sans réponse dans le domaine de la spiritualité, le seul instrument qui peut permettre aux hommes de surmonter la distance séparant le quotidien banal de la perfection rationnelle d'un avenir toujours repoussé [1].

Le paradoxe est là : d'un côté, la modernité sape les bases de la religion transmise de père en fils, émancipant les individus de l'emprise des institutions religieuses ; de l'autre, c'est la modernité elle-même qui relance les prémices d'une demande de transcendance.

Dès lors, dans le monde industrialisé, des millions d'individus partent à la recherche de leur identité spirituelle. Si bien qu'avec deux bouts de ficelle, chacun se fabrique son modèle, puisant çà et là dans les grandes traditions religieuses d'origine, mais sans accepter les ensembles préfabriqués. L'appartenance se détache ainsi de la pratique. Si une majorité d'Européens continuent de se considérer comme chrétiens, par exemple, le nombre des pratiquants est en chute libre un peu partout. C'est l'indice le plus visible d'une tendance croissante au self-service religieux. De la religion héritée,

---

1. Cf. D. Hervieu-Léger, *Le Pèlerin et le converti : La religion en mouvement*, Paris, Flammarion, 1999.

les nouveaux croyants ne prennent que ce qui les intéresse ou les convainc, sans plus accepter de se soumettre à un ensemble complet de prescriptions. L'existence de Dieu? Oui. Une vie après la mort? Peut-être. Aller à la messe tous les dimanches et pas de sexe avant le mariage? Pas question. Telle est un peu l'attitude diffuse, surtout parmi les générations nouvelles. Pour lesquelles il est possible de se déclarer sans religion, mais aussi de croire en un dieu (23 %), ou en une « forme quelconque de force vitale » (26 %), ou encore en la réincarnation (23 %) [1]. Il y a du syncrétisme dans l'air, au point que les catholiques les plus convaincus commencent eux-mêmes à se montrer réceptifs aux croyances parallèles [2]. Ce n'est pas un hasard si l'Eglise ressent de plus en plus le besoin de poser des limites. Sur la lancée de l'encyclique *Veritatis Splendor,* par laquelle le pape avait censuré toute tentation de relativisme religieux, le Vatican a, par exemple, condamné le New Age. Lequel, tout « en répondant d'une certaine façon aux aspirations légitimes de la nature humaine », le fait « en s'opposant à chaque fois à la révélation chrétienne » et par conséquent

---

1. Données issues de Y. Lambert, « Religion : développement du hors-piste et de la randonnée », in P. Brechon, *Les Valeurs des Français,* Paris, Armand Colin, 2003.

2. Cf. X. Molénat, « Une religion à la carte », in *Sciences Humaines,* n° 149, mai 2004, p. 23.

doit être considéré comme incompatible avec elle [1]. Mais en même temps, avec la souplesse qui lui a permis de prospérer pendant deux millénaires, l'Eglise se montre tolérante à l'égard de modes plus inoffensives. Harry Potter, le yoga et l'astrologie sont ainsi mis hors de cause : « Personne n'a grandi sans fées, magiciens et sorcières », a déclaré à ce propos le secrétaire du conseil des Conférences épiscopales européennes [2].

Cette laborieuse recherche d'équilibre entre une Eglise devant rester fidèle à ses principes sans perdre le consensus et une base sociale traversée par des pulsions païennes [3] rappelle beaucoup le parcours complexe de l'évangélisation brésilienne. Qui, malgré les violences qui l'ont accompagnée, n'est pas parvenue à effacer les traces des religions africaines sur lesquelles elle s'est greffée.

Dans les terres du candomblé (dont Salvador de Bahia est la capitale), le culte des saints s'est superposé à celui des Orixas, les dieux de la religion Yoruba, mais sans l'effacer. Ogum, le dieu du fer, de la guerre et de l'industrie, a donc pris les traits de saint Georges ; Oxossi, le dieu de la chasse, les traits de saint Sébastien ; Jema-

1. L. Accattoli, « Il Vaticano assolve Harry Potter e oroscopi », in *Corriere della Sera*, 4 février 2003, p. 14.
2. *Ibid.*
3. Cf. H. Simon, *Vers une France païenne*, Paris, Editions Cana, 1999.

najà, la déesse déjà citée de la fertilité, est devenue la Vierge, tandis qu'Oxala, le dieu du ciel, a pris l'apparence du Christ et qu'Exu, le dieu de la communication et des illusions, a pris celle du diable ! Le résultat de cette fusion est une sensibilité religieuse unique, qui épouse les formes du catholicisme et la vitalité du paganisme. A Salvador, les fêtes catholiques coïncident aujourd'hui encore avec de grandes manifestations de candomblé. Dans l'église du Rosaire de Largo do Pelourinho, quand on lève les yeux vers les statues des saints sculptées par les esclaves noirs au XVIIIe siècle, on ne sait plus si on voit la silhouette de sainte Benoîte ou celle d'Ossaim, l'Orixa des herbes : une équivoque en passe de se généraliser, à une époque où, de plus en plus souvent, les prophéties de la Bible se voient contraintes de cohabiter avec la prophétie des Andes [1].

---

1. Cf. J. Redfield, *La Prophétie des Andes*, Paris, Robert Laffont, 1998.

5

La fin de l'enfance

Il existe au nord de l'Espagne un édifice qui à lui seul a changé le destin d'une métropole de quatre cent mille habitants. Il a été à l'origine d'une compétition architecturale frénétique entre des villes du monde entier, a occupé un si grand nombre de couvertures de magazines et fait couler un tel flot d'encre qu'il pourrait en donner la nausée à n'importe quel amateur d'art et d'architecture raisonnable.

Pourtant, aussi familière qu'elle nous soit devenue, la silhouette du musée Guggenheim de Bilbao garde quelque chose d'inquiétant. A bien y regarder, ce n'est en effet rien d'autre qu'une forteresse. Etincelante de titane, bourrée d'expositions bateau, mais pourtant toujours inaccessible, à la lisière de l'hostilité.

L'inaccessibilité est du reste la marque de fabrique de Frank Gehry, l'architecte responsable du projet. Depuis toujours, il fait entrer les grilles de protection et les murs d'enceinte parmi

89

les composantes essentielles de son style qui, précisément pour cette raison, peut être considéré comme le symbole de l'obsession sécuritaire autour de laquelle se restructurent les grandes cités américaines (et pas seulement elles) [1].

Peut-être y a-t-il un signe à percevoir dans le fait que l'édifice le plus discuté et le plus admiré de la dernière décennie porte sa signature. Et que ce soit précisément une forteresse. Mais pour en saisir le sens, il convient encore une fois de faire un tour du côté de Rio.

On dit que c'est la plus belle ville du monde, la seule qui n'ait pas réussi à dominer la nature, et qu'à chaque tournant elle peut vous étonner avec une plage, une montagne, une lagune ou la forêt tropicale. La seule qui puisse vous donner en quelques minutes la sensation d'être dans un village à la campagne (Santa Teresa), ou à New York (l'avenida Rio Branco), ou dans un petit port (Urca), à Miami (Ipanema), sur la Côte d'Azur (l'avenida Niemeyer)...

« Tu penses avoir tout vu, mais ce n'était rien encore », dit, ému, Stefan Zweig [2]. Ici, les gens vont au bureau avec leurs maillots de bain sous leurs complets. A l'heure du déjeuner, au lieu d'aller manger un sandwich, ils se baignent dans l'océan.

---

1. M. Davis, *City of Quartz : Excavating the Future in Los Angeles*, New York, Vintage, 1998, p. 238.
2. S. Zweig, *Le Brésil, terre d'avenir, op. cit.*, p. 212.

Et pourtant, les gens vivent ici avec la peur au ventre. Tous ont un répertoire d'histoires horribles à raconter. Manuela vient me chercher à l'hôtel. Elle parle d'une de ses amies qui, la semaine dernière, était restée dans le centre un peu plus longtemps que prévu. Il était peut-être neuf heures du soir, me raconte-t-elle, et son amie rentrait chez elle en compagnie de sa mère. Quand soudain, des coups de feu éclatent. La poursuite classique entre des bandits et la police qui est ici vraiment comme dans les films, avec la *Policia Militar* qui tire sur tout ce qui bouge. A un moment donné, la voiture des bandits dépasse celle de l'amie de Manuela, avec les policiers toujours à sa poursuite : une rafale pénètre dans l'habitacle, une balle tue sa mère sur le coup. Même pas la peine de l'emmener à l'hôpital... C'est une *bala perdida*, le pire cauchemar de tous les Cariocas, dans une ville où des dizaines de coups de feu sont échangés chaque jour et font quatre mille morts par an.

Le Brésil est ainsi fait. Un pays pacifique, dont la dernière guerre remonte à 1865. Et même alors, quoique le conflit eût été provoqué par l'agressif dictateur paraguayen Francisco Solano Lopez, l'affaire se solda par une réconciliation totale avec le vaincu.

Et pourtant, le Brésil est en guerre. Il l'est depuis toujours, contre lui-même. On compte chaque année plus de cinquante mille meurtres. Le double des vingt-cinq mille qui suffisent à l'ONU pour considérer qu'un pays est en état de guerre. Dans la seule ville de Rio, on estime que plus de quatre mille enfants ont été tués en dix ans, neuf fois plus que dans le conflit israélo-palestinien durant la même période [1]. Il suffit d'ouvrir les yeux pour s'en apercevoir. Ici, dans les zones riches, il y a un policier tous les dix mètres plus les gardiens armés des propriétés, des commerces, des restaurants. Ici, bien que ce soit interdit, les voitures ont toutes des vitres foncées pour protéger leurs occupants des agressions à main armée. Ici, la nuit, les gens ne se promènent pas et après dix heures du soir les voitures cessent de s'arrêter aux feux rouges. Ici, les gens savent qu'ils sont en première ligne, que la guerre n'a pas lieu sur un front lointain mais qu'elle peut éclater chez eux à tout moment.

Il y a des décennies que le Brésil vit ce conflit épidémique auquel, depuis le 11 septembre, nous cherchons laborieusement à nous adapter nous aussi, en Europe et aux Etats-Unis. Une guerre sans front et sans armée, sans règles et sans honneur, que nous appelons guerre dans le seul but de nous bercer de l'idée rassurante que

---

1. R. Cotroneo, « Gli artigli dei narcos su Rio de Janeiro », in *Corriere della Sera*, 15 septembre 2002.

rien n'a vraiment changé. Mais en réalité tout a changé, dans cette guerre paranoïaque qui envoie au champ de bataille les employés new-yorkais, les banlieusards de Madrid, et les noctambules de Bali. Et avec eux, il y a des enfants, que les guerres conventionnelles tendaient partiellement à épargner. C'est peut-être pour cela que l'artiste Maurizio Cattelan en a pendu trois sur une place de Milan : pour donner le sentiment de cette disparition définitive de l'enfance, qui rapproche symboliquement nos gamins des *meniños da rua* de São Paulo, de Rio et de Fortaleza, qui vivent dans les rues, exposés à tous les abus et à toutes les violences.

Au Brésil, on estime qu'il y a presque cinq cent mille mineurs sans abri [1]. Ils vivent de drogue, d'expédients. Pour la police et pour les autorités, ils sont un problème à résoudre coûte que coûte. La prison pour mineurs de São Paulo abrite presque quatre mille enfants dans des conditions qui, pour Amnesty International, violent les droits de l'homme les plus élémentaires [2]. Mais c'est toujours un destin meilleur que celui qui frappe chaque année des centaines de mineurs tués par la criminalité organisée ou par la police elle-même. En 1993,

---

1. D. Newman, « The Kid in the Street », in *Brazzil*, juin-juillet 2002.
2. A. Dalevi, « Light and Shadow », *ibid.*, juillet-août 2002.

à Rio, le cas des huit enfants abattus par la police militaire alors qu'ils dormaient sur les marches de l'église de la Candelária provoqua un scandale [1].

Telle n'est pas heureusement la condition des enfants européens et américains (ni, à la vérité, celle de la très grande majorité des mineurs brésiliens). Toutefois, chez nous aussi, l'idée d'une condition de l'enfance, séparée et protégée de celle des adultes, tend à disparaître. Comme l'a bien remarqué Neil Postman, une civilisation typographique, fondée sur la diffusion de la parole écrite, avait favorisé le développement d'une idée de l'enfance basée sur l'incapacité d'accéder à l'information. A l'âge d'or de l'enfance, qui va, selon Postman, du milieu du XIXe siècle au milieu du XXe siècle, on pensait que les enfants devaient être protégés. Du travail des mineurs et des abus, bien entendu, mais aussi d'une connaissance excessive et prématurée des choses du monde, surtout les choses liées à la violence et au sexe, dont on pensait qu'elles pouvaient altérer leur développement. Cela était possible tant que les livres et les journaux étaient le principal moyen d'information. En revanche, la situation se modifie radicalement dès lors que les images prennent le dessus par rapport à l'écrit, et que la télévision devient de loin le moyen de communication le plus

---

1. D. Newman, « The Kid in the Street », art. cité.

répandu. « Tout comme les livres, en effet, la télévision révèle des secrets, rend public ce qui était précédemment privé. Mais, au contraire de l'imprimé, la télévision ne peut rien cacher [...]. L'enfant de six ans et le sexagénaire ont les mêmes qualifications pour faire l'expérience de ce que la télévision peut offrir [1]. »

Mieux : la télévision d'abord, et Internet à sa suite, vont jusqu'à introduire un certain renversement du principe d'ancienneté : au sens où les rythmes syncopés de la télé, et les compétences nécessaires au maniement d'Internet, sont plus familiers aux enfants de six ans qu'aux sexagénaires... Mais s'il en va ainsi, la notion d'enfance comme espace protégé se dissipe, et grosso modo les enfants sont à nouveau incorporés dans le monde adulte : comme au Moyen Age, quand – nous disent les historiens – les adultes ne se gênaient nullement pour se livrer à des gestes violents et obscènes devant les enfants. A cette évolution de caractère culturel, l'hyper-terrorisme n'a fait qu'ajouter un élément d'assimilation des mineurs au monde adulte.

Dans la société brésilianisée, il n'y a de bouées de sauvetage ni pour les femmes ni pour les enfants. Nous sommes tous dans le même

---

1. N. Postman, *The Disappearance of Childhood*, New York, Vintage, 1994, pp. 83-84.

navire et notre destin commun se décide peut-être dans une caverne afghane : exactement comme, depuis toujours, il suffit aux habitants des riches quartiers du sud de Rio de lever les yeux pour voir, cramponnés à la colline, les taudis des favelas qui incarnent toutes leurs peurs et toutes leurs violences.

Même les privilégiés qui se déplacent d'un *condominio fechado* à un bureau blindé ou à un centre commercial de luxe, sans jamais mettre les pieds dans un lieu public qui ne soit lourdement surveillé par des milices privées, même ceux-là savent que tout peut arriver. Un vol dans la voiture, un commando qui attaque l'immeuble d'habitation, une *bala perdida* : quand on habite une ville à mi-chemin de Miami et de Calcutta, on doit s'attendre à ce que, de temps à autre, Calcutta prenne le dessus. Ce qui arrive continuellement.

De même que nous étions berlinois dans les années soixante, aujourd'hui nous sommes tous un peu cariocas. Nous habitons des villes étincelantes de modernité, où le risque nous tient compagnie comme un vieil ami. Risque terroriste, certes, avec des rumeurs plus ou moins crédibles qui menacent chaque jour de porter l'enfer au cœur des Etats-Unis ou de raser telle ou telle ville d'Europe. Risque criminel ensuite, qui se transforme en obsession pour un nombre croissant d'Occidentaux choisissant de déménager dans des *gated communities* de plus en plus séparées des villes des *oi polloi*, du grand nombre Risque d'accidents, également : la compagnie de réassurance Swiss Re estime que pour la première fois, au début du XXIe siècle, le rapport s'est inversé entre les catastrophes naturelles (inondations, tremblements de terre, tempêtes, etc.) et les catastrophes techniques. Bref, les accidents produits par l'homme provoquent plus de victimes que les catastrophes naturelles. Cela devait arriver tôt ou tard si on pense, comme le dit Paul Virilio, que chaque technologie génère son accident – inventer le bateau signifie inventer le naufrage, inventer le train signifie inventer le déraillement, inventer l'avion signifie inventer le crash, etc. [1]

Tout cela est désormais entré dans notre vie à dose homéopathique, sans que nous nous en apercevions. Il suffit de penser à l'indifférence avec laquelle, aujourd'hui encore, nous acceptons l'hécatombe quotidienne des accidents de la route, qui sont partout la première cause de mortalité des adultes de moins de cinquante ans. Sous cet angle, le 11 septembre n'est pas seulement un événement historique. C'est aussi un tournant qui modifie notre perception de la réalité, et marque l'entrée de l'Occident dans cette société du risque qu'Ulrich Beck avait déjà

---

1. Cf. P. Virilio, *L'Accident originel*, Paris, Galilée, 2005.

commencé à décrire il y a vingt ans. Dans ce type de société, le risque devient la catégorie dominante : catégorie interprétative, en ce que la perception du risque est le sentiment autour duquel chacun réorganise sa connaissance de la réalité extérieure. Le symbole de cette paranoïa omniprésente est le fameux masque (anti-SRAS, antiterrorisme bactériologique, etc.) qui protège d'un ennemi sans visage, mais le fait au prix d'un douloureux isolement : « Quand le mal est partout et nulle part, de plus en plus invisible, de plus en plus inattaquable, de plus en plus présent, il ne reste qu'à se nier soi-même, en se retirant dans sa propre solitude ou en se cachant derrière un masque [1]. »

Ce n'est pas un hasard si la vente des dispositifs de sécurité a connu un boom dans le monde entier. A la base de ce marché il y a une peur globale, très peu identifiable. Les experts disent qu'elle résulte d'une incertitude générale dans la vie quotidienne. Il apparaît ainsi que la peur redessine les contours de nos villes, les faisant de plus en plus ressembler, encore une fois, aux villes brésiliennes. Aux Etats-Unis notamment, les urbanistes ont signalé depuis longtemps une tendance à la privatisation des espaces publics, qui pousse les gens à s'enfermer dans des territoires fermés, les *gated communities*. On n'en

---

1. M. Canevacci, cité in R. Priani, « La paura sotto la maschera », in *D*, mai 2003.

sort que pour aller travailler et s'amuser dans des espaces eux aussi blindés (shopping centers, cinémas multisalles, etc.). Ces territoires fermés sont une espèce de forteresse du rêve américain : des espaces protégés à l'intérieur desquels le mythe suburbain de la petite villa avec porche et jardin peut renaître en toute sécurité, soustrait aux risques des métropoles contemporaines.

Les habitants des *gated communities* annulent les compromis entre ouverture et sécurité qui caractérisent de plus en plus la réalité brésilianisée. Ils tentent de perpétuer le mirage petit-bourgeois, où les enfants jouent au ballon dans les rues et où les voisins s'échangent des invitations pour des barbecues le dimanche. Le problème est que cet idéal suburbain se réalise au prix d'une fermeture radicale au monde extérieur, qui concentre tous les dangers et toutes les peurs. « Quand je quitte le territoire pour aller dans le centre, je me sens menacée du seul fait d'être dans un contexte urbain, dans un lieu sans restrictions, qui peut être traversé par n'importe qui [1] » : ces mots d'une résidente d'une *gated community* de San Antonio reflètent un sentiment général. Quand on s'enferme à l'intérieur d'une enclave

---

1. S. Low, *Behind the Gates : Life, Security and the Pursuit of Happiness in Fortress America*, New York, Routledge, 2003, p. 9.

fortifiée, le monde se coupe en deux, entre la chaleur du « dedans » et l'hostilité du « dehors ». L'idée d'un espace ouvert à tous, sans liens particuliers, cesse d'être normale pour se charger de menaces inquiétantes.

Ainsi se dessinent les contours d'une géographie de la peur que les habitants des métropoles brésiliennes connaissent depuis longtemps. Une géographie à partir de laquelle, d'un côté les revenus du trafic de la drogue ont conduit à une militarisation progressive des favelas (devenues les forteresses impénétrables des *donos*, les narcotrafiquants, qui y financent même les équipes de football et les *churrascos* – les barbecues – pour la fête de San Damiano), et de l'autre le cauchemar de la violence a poussé les plus aisés à se murer d'eux-mêmes dans des copropriétés fermées, surveillées par des milices privées.

Pris en tenaille dans ce piège infernal, non seulement les espaces publics – ceux qui sont ouverts à tous – tendent de plus en plus à se restreindre, mais ils deviennent surtout un no man's land dévalué, résiduel.

Heureusement la vieille tradition européenne de la place comme lieu de rencontre, ainsi que la tendance à valoriser les centres historiques, contribuent à rendre ce scénario encore lointain. Mais c'est déjà une réalité dans beaucoup de villes nord-américaines, et cette réalité risque de se développer dans les villes en plein boom de l'Extrême-Orient. Toutefois, en Europe aussi, ces tendances existent. Certains ont pu voir à l'œuvre la même logique binaire dans le plébiscite réservé par les Parisiens, à la fois à des shopping centers de la dernière génération comme le Carré-Sénart de Melun, et à des initiatives comme Paris Plage. La ville est partagée entre les lieux de shopping et les lieux de divertissement (tous deux aseptisés et sécurisés) en marginalisant les aspects plus complexes et plus problématiques de la réalité urbaine, en désinfectant la rue de toutes ses scories et de son caractère imprévisible [1].

Pour renforcer la paranoïa qui se répand, il y a en outre, à Los Angeles comme à Paris, l'action des médias. Ils orchestrent la mise en réseau et la répétition de la terreur et de la violence, jusqu'à produire une stéréo-anxiété [2] qui entre dans tous les foyers et dans la majeure partie des esprits. Dans ce contexte, la logique de l'expérience s'inverse. On ne remonte plus seulement de sa propre expérience pour aboutir à des jugements à caractère général. C'est plutôt un savoir général dépourvu d'expérience directe qui devient le facteur déterminant de l'expérience de chacun : nous sommes en pré-

---

1. Cf. B. Bégout, « Approche de la ville binaire », in *Inculte*, n° 1, septembre 2004, p. 67.
2. Cf. P. Virilio, *L'Accident originel, op. cit.*

sence non plus « d'expériences de seconde main », mais de « non-expériences de seconde main [1] ».

En ce sens, nous sommes tous des Cariocas, avec d'horribles légendes métropolitaines à raconter. S'il y a aujourd'hui cinq fois moins d'homicides qu'il y a un siècle, à l'époque, en revanche, « quand un homicide était commis à deux cents kilomètres de chez eux, les gens ne le savaient pas, ou la connaissance des faits arrivait amortie par le temps. Aujourd'hui, nous voyons tout de suite les cadavres emportés par les ambulances dans une petite ville de province outre-Atlantique [2] ».

Tout cela aboutit à un paradoxe. Celui qu'ont découvert les journalistes du *Monde*, qui, surpris par le résultat obtenu par Jean-Marie Le Pen à l'élection présidentielle de 2002 dans certains villages pacifiques de Haute-Savoie, sont allés enquêter. Ils se sont rendu compte que, quoique vivant dans des lieux où « le seul risque est d'écraser une poule », les habitants étaient dans un état de paranoïa généralisée. « Il y a trop d'étrangers, trop de fainéants, et trop de voyous, aussi », dit l'un d'eux. « Ici, dans le village ? », demande le

---

1. Cf. U. Beck, *La Société du risque : sur la voie d'une autre modernité*, Paris, Champs Flammarion, 2003.

2. M. D'Eramo, *Lo sciamano in elicottero. Per una storia del presente*, Milan, Feltrinelli, 1999, p. 210.

journaliste surpris. « Non, ici ça va. Il y a deux petits HLM et nous n'avons pas d'immigrés. Sauf une famille de Tchèques et deux ou trois Portugais. On s'entend bien. Mais regardez ce qui se passe ailleurs. Il suffit de lire le journal. » « Ou d'allumer la télé ! », ajoute un autre [1]...

Le mal nous assiège, même si nous n'en faisons pas l'expérience directe. Jusqu'ici très peu de gens ont vécu le cauchemar du terrorisme. Mais on doit tous compter avec un climat que le 11 septembre a radicalement modifié. Depuis quatre ans, essayez donc d'ouvrir un quotidien qui ne consacre pas au moins ses dix premières pages aux effets plus ou moins directs du terrorisme (attentats, débats politiques, Afghanistan, Irak, prix du pétrole, conséquences économiques, etc.). Il suffit de parcourir un journal d'avant le 11 septembre pour être stupéfait de la tonalité générale de légèreté et d'insouciance qui transparaît. Non qu'il n'y ait pas eu à l'époque de références à des crises, à la violence et à des accidents. Mais on n'avait pas la sensation que cela définissait l'atmosphère dominante. Il n'y avait pas ce sentiment d'urgence paranoïaque qui structure désormais la scène publique mondiale. Nous connaissions un âge d'or et nous le savions bien. Nous

---

1. José-Alain Fralon, « La peur des gens dans les alpages », in *Le Monde*, 30 mai 2002, p. 16.

croyions pouvoir nous passer de la politique et nous nous trompions.

Rouvrez-les, ces journaux d'une autre époque. On y parle de flux économiques et financiers, de nouveaux moyens de communication toujours plus efficaces, de nouvelle économie et des tigres du Sud-Est asiatique. Les héros du moment sont les ingénieurs et les chefs d'entreprise, ou mieux encore les ingénieurs/chefs d'entreprise. On avait l'impression que la prophétie de Thorstein Veblen s'était enfin réalisée : au début du XXe siècle, il avait prédit que la société du futur serait gouvernée par les ingénieurs, maîtres incontestables de technologies de plus en plus importantes dans la vie des hommes.

Au cours des années 1990, face aux techno-milliardaires en jean et chaussures de sport, les hommes politiques faisaient figure de dinosaures. Et certains en arrivaient à pronostiquer la fin de la représentation, l'avènement d'une démocratie électronique qui balaierait une fois pour toutes cette race en voie d'extinction[1].

Mais le 11 septembre a décongelé les dinosaures. Chassée par la porte, la politique est rentrée par la fenêtre, pour prendre le visage inquiétant de gestionnaire du *justitium*, l'état

---

1. Cf. L.K. Grossman, *The Electronic Republic : Reshaping Democracy in the Information Age*, New York, Viking Penguin, 1995.

d'exception [1]. C'est ainsi que George W. Bush fonde sa stratégie de réélection en entretenant systématiquement un climat d'état de siège. C'est ainsi que Vladimir Poutine utilise la rhétorique antiterroriste pour écraser la résistance tchétchène, et le massacre de Beslan pour renforcer l'étau de son pouvoir sur les institutions russes.

Il est malaisé, dans ces cas-là, de distinguer l'action légitime d'un homme d'Etat responsable de la sécurité du pays, de l'exploitation politique de la peur ambiante. Les critiques d'un Michael Moore font mine d'ignorer que, si les autorités américaines entretiennent un état d'urgence permanent, c'est aussi parce que la stratégie d'Al-Qaida consiste précisément à déclencher continuellement de fausses alertes, qui brouillent les recherches des services US, noyant les vrais indices sous une overdose de fausses pistes. Mais d'autre part on peut difficilement nier que des stratèges républicains comme Karl Rove ont tiré les conséquences du surcroît de popularité de Bush au lendemain du 11 septembre : une Amérique assiégée aura toujours tendance à s'unir autour du *Chief Commander*.

Ce qui est certain, c'est qu'après le 11 septembre, les priorités ont changé un peu partout.

---

1. Cf. G. Agamben, *Etat d'exception*, Paris, Seuil, 2003.

Et partout, les garanties individuelles ont perdu du terrain face à la sécurité collective, devenue l'impératif numéro un, non seulement des gouvernants, mais aussi des opinions publiques. Aux Etats-Unis, le *military order* du 11 novembre 2001 a ainsi autorisé la « détention indéfinie » et le procès par des commissions militaires des étrangers suspectés d'implication dans des activités terroristes. Au lendemain de la tragédie de New York, il était difficile de nier la nécessité de mesures extraordinaires, qui donnent aux autorités des moyens supplémentaires pour combattre le terrorisme. Mais le problème, c'est que l'état d'exception a une fâcheuse tendance à se multiplier et à engendrer des métastases. Quand Donald Rumsfeld, secrétaire d'Etat à la Défense, affirme qu'il est prêt à employer n'importe quel moyen pour obtenir des informations utiles à la sécurité du pays, il offre une couverture préventive à tous les abus. Il en résulte que cette prise de position, conçue pour combattre le terrorisme global, arrive jusqu'à une prison de la banlieue de Bagdad, où une bande de voyous travestis en soldats peut se sentir autorisée à torturer les prisonniers.

Dans l'histoire des hommes, encore plus que le sommeil de la raison, la peur a engendré des monstres. A ce propos, Curzio Malaparte avait vu juste quand, dans son superbe voyage au cœur de la désolation du IIIe Reich, il avait identifié la peur comme mobile principal du nazisme. « Ce qui pousse l'Allemand à la cruauté, aux actes les plus froidement, les plus méthodiquement, les plus scientifiquement cruels, c'est la peur des opprimés, des désarmés, des faibles, des malades ; la peur des vieux, des femmes, des enfants, la peur des Juifs [1]. »

Aujourd'hui nous sommes certes encore bien loin de cela. Et pourtant, aucune société ne peut supporter l'angoisse permanente d'un risque durant trop longtemps. L'idée d'une « guerre à la terreur » qui, comme n'a cessé de le répéter le président américain, se perpétuerait pendant des décennies, est une perspective cauchemardesque, parce qu'elle est vouée à modifier en profondeur le fonctionnement de nos démocraties.

Une étude du *National Science Board* américain a estimé par exemple qu'en 2002, les visas accordés aux chercheurs étrangers ont chuté de 55 % par rapport à l'année précédente [2]. « Nous avons du mal à organiser des rencontres scientifiques, parce que les chercheurs étrangers n'arrivent pas à obtenir de visas », disent les océanographes de l'université de

----

1. C. Malaparte, *Kaputt*, Paris, Denoël, Folio n° 237, 1972, p. 108.
2. R. Florida, « Creative Class War », in *Washington Monthly*, ianvier-février 2004.

Californie à San Diego [1]. Un pays qui a fondé sa croissance extraordinaire sur l'ouverture, et qui, précisément du fait de cette ouverture, a été touché au cœur, est donc contraint de s'enfermer dans un état de siège qui n'est pas dans sa nature. C'est ce qu'ont pu constater tous ceux qui ont voyagé aux USA après le 11 septembre 2001.

Tant au niveau individuel qu'au niveau de collectivités nationales entières, la peur engendrée par le pôle tragique de la brésilianisation pousse à la fermeture, à retirer son adhésion au monde pour continuer à mener une politique de survie. On en revient à l'« homme est un loup pour l'homme » de Hobbes. A moins que, comme le théorisent quelques néo-conservateurs américains, on n'en soit jamais sorti [2]...

____

1. *Ibid.*

2. Cf. R. Kagan, *La Puissance et la faiblesse : Les Etats-Unis et l'Europe dans le nouvel ordre mondial*, Paris, Plon 2003

6

Le fatalisme high·tech

La paranoïa, politique et personnelle, n'est pas la seule réponse que nous donnons à la société du risque permanent. Au contraire, beaucoup réagissent par une attitude opposée, dont, comme à l'ordinaire, Maffesoli a bien décrit la renaissance dans les sociétés occidentales. « Le fait que les choses soient ressenties comme inéluctables, que l'on voie revenir les mêmes phénomènes, le fait que tout suive obscurément son cours sans qu'il soit possible, véritablement, d'intervenir, le recours à la voyance ou autres formes de prédiction, tout comme la religiosité ambiante, tout cela est bien le signe d'une sorte d'acceptation de la fatalité, l'indice du remplacement de l'Histoire, au cours rationnel sur lequel on peut agir, par le destin qu'il faut assumer [1]. »

---

1. M. Maffesoli, *L'Instant éternel : Le retour du tragique dans les sociétés postmodernes*, Paris, Denoël, 2000, p. 30.

A bien y regarder, c'est l'attitude par laquelle la plupart des Brésiliens affrontent depuis toujours la réalité. Dans toutes les manifestations de l'esprit brésilien, il y a un noyau d'*amor fati*, d'acceptation sereine, si ce n'est de célébration, de la réalité telle qu'elle est, y compris dans ses pires aspects. Du sens de la prédestination des Yorubas – dont nous reparlerons bientôt – aux rituels du candomblé, jusqu'aux formes infinies prises au cours du temps par le syncrétisme catholique, la religiosité brésilienne est profondément empreinte de fatalisme et de polythéisme. Au Brésil, dieu est multiple, quoi qu'on dise de la diffusion récente des Eglises évangéliques. Et la cohabitation avec tous ces dieux a appris aux Brésiliens, comme à tous les peuples polythéistes, à célébrer leur gloire et leurs bienfaits, mais aussi à supporter leurs colères et leurs caprices. Les dieux, on le sait, ne brillent pas par leur moralité. Ici, leur rôle est plus d'entretenir une promiscuité chaleureuse que d'incarner un besoin d'absolu. L'homme brésilien ne supporte pas la distance. Et donc, ses dieux aussi lui sont proches et familiers. Ils ne lui viennent pas toujours en aide. Parfois, au contraire, ils donnent le pire d'eux-mêmes. Mais ils contribuent à procurer du sens à un monde où les erreurs se répètent éternellement, comme tout le reste. Rien de plus éloigné, on le voit, de la mentalité progressive et puritaine qui a longtemps gouverné notre société. Et pourtant, chez nous aussi, quelque chose a changé. Symboliquement, on pourrait dater le tournant de la sortie triomphale sur les écrans du monde entier de la première partie du *Seigneur des Anneaux* : le 19 décembre 2001, un peu plus de trois mois après la destruction des Twin Towers. Avec ses mythes et ses magies, la saga de Peter Jackson définit l'époque à venir. Exactement comme *La Guerre des Etoiles,* autre saga mythique du cinéma, se projetait dans le futur (tout en récupérant certains mythes éternels), *Le Seigneur des Anneaux* nous fait replonger dans un obscur passé dont il annonce le retour toujours possible. A une époque de peur et d'incertitude, la magie et le surnaturel reviennent flotter dans l'air, comme le montre le succès de l'autre saga milliardaire : *Harry Potter.*

Quand le fil des événements semble nous échapper et sortir des limites étroites de la rationalité progressiste, la sagesse ancienne du paganisme réapparaît, refusant toute téléologie et cherchant à interpréter les signes d'un destin incompréhensible. Par ailleurs, il est également vrai que nous vivons dans un monde de plus en plus magique, où, à la magie ancestrale des sorciers, s'ajoute l'enchantement moderne des technologies. Celles-ci, fonctionnant sur la base de mécanismes absolument incompréhensibles pour l'énorme majorité d'entre nous, ne cessent de revêtir le caractère un peu mystérieux de la magie.

Mais il n'y a pas que de la magie dans l'air. Il y a aussi l'ensemble des pratiques divinatoires auxquelles les Anciens recouraient pour interpréter un destin sur lequel ils n'avaient aucune prise, mais qu'ils désiraient au moins anticiper. Qu'on pense au succès de l'astrologie ou de certaines croyances New Age. Plus généralement, la sensation dominante est celle d'un retour du fatalisme, qui rappelle le très fort sentiment de prédestination des Yorubas, une des ethnies qui ont le plus influencé le développement de la spiritualité africaine. Au cœur de la religion des Yorubas, il y a le principe d'un double héritage, cosmique et familial. Les diverses composantes de leur liturgie mettent l'accent sur toutes ces dépendances de l'homme vis-à-vis de la famille, de la communauté réunissant les vivants et les morts, les ancêtres proches et lointains qui se perpétuent chez les descendants, auxquels ils ont transmis leurs génies [1].

Mais une forme assez peu différente de prédestination ne fait-elle pas de nouveau partie du bagage culturel des élites occidentales elles-mêmes ? N'est-il pas vrai qu'après un siècle

---

1. Cf. M. Augé, *Génie du paganisme*, Paris, Gallimard, 1982.

dominé par les idées de Marx et de Freud (qui, au-delà de leurs différences, plaçaient tous deux l'éducation avant la nature, l'influence du conditionnement social avant les qualités individuelles innées), nous sommes revenus à une pensée qui met l'accent sur les caractéristiques physiques ? La génétique et les sciences cognitives, que sont-elles, sinon des lignes de recherche, aujourd'hui communément admises, qui remettent au premier plan les caractères innés ? Edward O. Wilson nous a expliqué que si, jusqu'à des périodes récentes, on pensait que l'intelligence était une toile blanche attendant d'être remplie, aujourd'hui les scientifiques la considèrent plutôt comme un négatif à développer. La qualité des processus de développement et d'impression peut certes influer sur le résultat final, mais les caractéristiques de base de la photographie sont déjà présentes à la naissance [1]. Ce qui constitue un vrai traumatisme pour ceux qui ont grandi, avec Freud, dans l'idée selon laquelle le facteur déterminant de la personnalité était l'enfance, la famille, l'éducation ; ou pour ceux qui ont grandi, avec Marx, dans l'idée selon laquelle ce facteur était la classe sociale.

A l'instar d'autres poussées que nous avons passées en revue, les découvertes scientifiques

---

1. Wilson, cité in T. Wolfe, *Hooking up*, New York, Farrar, Strauss & Giroux, 2000, p. 80.

les plus récentes tendent elles aussi à favoriser le retour d'une mentalité tragique, qui accepte l'idée d'un destin prédéterminé, que l'homme pourra peut-être un jour modifier grâce aux biotechnologies, mais qui reste en attendant une entité dominante et dans une large mesure inconnue. Toute forme de progressisme pédagogique ayant disparu, l'esprit le plus authentique de la tragédie refait surface. Demandez justice ou des explications, et pour toute réponse, vous recevrez le « sourd mugissement de la mer [1] ». Tel est le message que nous transmettent en chœur les développements de l'actualité scientifique, politique et culturelle. Nous étions habitués à affronter une série de drames, de vicissitudes claires qui avaient toujours une solution. Et nous voilà face à la tragédie, dont la caractéristique spécifique est précisément, comme l'avait perçu Goethe, de n'admettre aucune solution dès lors que, si un arrangement se manifeste, c'est la tragédie même qui disparaît [2].

Les conflits idéologiques du XXe siècle nous ont habitués à voir la réalité en termes manichéens, d'opposition entre le bien et le mal. Sous cet angle, l'hitlérisme a représenté l'apo-

---

1. Cf. G. Steiner, *La Mort de la tragédie*, Paris, Gallimard, Folio, 1993.
2. Cf. P. Szondi, *Essai sur le tragique*, Paris, Circé, 2003.

théose du manichéisme en ce que, jamais autant que dans ce cas, on n'a pu parler de conflit entre principes moraux opposés. Mais c'est la nature même du conflit idéologique qui se prête à une lecture de type référentiel, au sein de laquelle chacune des parties se sent investie d'une vocation éthique. L'effondrement des idéologies ôte au conflit sa composante idéale, et le renvoie à sa nature première de tragédie à la fois injustifiable et incompréhensible. C'est ce qu'a bien vu Bernard-Henri Lévy à propos de ses « guerres oubliées » : « Du fond de leur nuit, les Angolais, Burundais, Sri Lankais, Soudanais et autres Colombiens nous obligent à faire le deuil. Avec eux, advient un monde où, pour la première fois aux temps modernes, et parce que les grands récits pourvoyeurs de sens se sont donc tus, de très grandes masses d'hommes sont prises dans des guerres sans but, sans enjeux idéologiques clairs, sans mémoire alors qu'elles durent depuis des décennies, peut-être sans issue – et où il est parfois bien difficile de dire, entre des protagonistes également ivres de pouvoir, d'argent et de sang, où est le vrai, le bon, le moindre mal, le souhaitable [1]. »

Un siècle avant Bernard-Henri Lévy, un autre intellectuel était allé chercher au fond de la

---

1. B.-H. Lévy, *Réflexions sur la guerre, le mal et la fin de l'histoire*, Paris, Grasset, 2001, pp. 26-27.

jungle africaine le cœur noir de l'âme humaine, la dépouillant de toutes les illusions modernistes. C'était Conrad, et son *Cœur des ténèbres*. Mais ce qui frappe le plus est que précisément en 1902, la même découverte fut aussi faite par un autre très grand écrivain, malheureusement trop méconnu en dehors des limites du Brésil. Exactement comme *Au cœur des ténèbres, Hautes Terres* est le récit de voyage d'un homme partant de la capitale d'un empire qui se croit civilisé, pour atteindre ses confins les plus éloignés. Et là, exactement comme Conrad, Euclides da Cunha trouve l'horreur. *Hautes Terres* est en effet l'histoire d'une commune indépendante, fondée à Canudos, sur le plateau semi-désertique du Brésil central, par Antonio Conselheiro, une sorte de leader charismatique. Régie par ses propres lois, fondée sur une mystique communautaire et archaïque, la cité de Canudos effraie les autorités de la toute jeune république brésilienne, qui tentent à plusieurs reprises de la détruire. Jusqu'au jour où, après l'échec des premières expéditions, elles envoient une armée régulière composée de milliers d'hommes, pour la raser. C'est précisément la violence de cette expédition, d'autant plus barbare qu'elle a lieu au nom du progrès, que da Cunha raconte avec un terrible réalisme.

Hautes Terres est le roman fondateur du Brésil. De même que *Moby Dick* incarne l'épopée américaine de la lutte individuelle contre l'adversité, le récit de da Cunha restitue le conflit, constant dans l'histoire brésilienne, entre le rationalisme modernisateur des élites (qui n'hésitent pas à faire preuve d'une violence inouïe pour imposer leur vision abstraite du monde), et les racines archaïques, métisses et profondément humaines d'un peuple qui se soustrait à tous les schématismes. Sous une forme différente, en effet, l'histoire de Canudos est celle de Brasília, la splendide capitale construite *ex novo* au cœur du Sertão, en appliquant intégralement les préceptes modernistes de Le Corbusier. Ou celle des favelas qui, nées précisément au moment du retour à Rio des troupes envoyées à Canudos, ont été tour à tour ignorées ou agressées par les autorités jusqu'en 1994 : l'année où, finalement, a débuté un programme d'urbanisation et de mise en œuvre de services publics essentiels, qui aborde le problème en termes réalistes.

Mais à y regarder de près, l'intérêt de *Hautes Terres* dépasse de loin les frontières du Brésil. A l'aube du XXe siècle, da Cunha a mis en lumière la barbarie qui peut renaître à tout moment dans une modernité mal assimilée. Son œuvre recèle, pour la première fois et dans une synchronie stupéfiante avec l'intuition de Conrad, une critique moderniste de la modernité, qui montre à quel point l'excès de rationalisme peut mener à une renaissance paradoxale de l'irrationnel. C'est l'histoire qui s'est répétée au long du XXᵉ siècle, et qui continue encore de nous persécuter. Comment ne pas voir en effet la justesse d'analyse d'observateurs comme John Gray, Ian Buruma, Paul Berman, qui ont distingué les origines de l'islamisme radical dans la culture positiviste occidentale ? Précisément comme le fascisme et le communisme, l'Islam radical est en effet moderne. « Bien qu'il prétende être antioccidental, il est formé autant par l'idéologie occidentale que par les traditions islamiques. A l'instar des marxistes et des néo-libéraux, les islamistes radicaux conçoivent l'histoire comme le prélude à un monde nouveau. Tous sont persuadés de pouvoir réformer la condition humaine. S'il existe bien un mythe moderne, c'est celui-là [1]. »

Mais au-delà d'une mise en garde contre les excès et les contrecoups de la raison, *Hautes Terres* contient une leçon peut-être encore plus fondamentale. Au cœur de l'âme humaine, il y a une partie maudite qu'aucun procès évolutif, si avancé soit-il, ne pourra jamais effacer. C'est la pulsion sanguinaire et destructrice que les Anciens connaissaient bien, et que les Lumières nous ont donné l'illusion de pouvoir abolir. Dans *L'Iliade*, Homère a raconté qu'il y aura

---

1. J. Gray, *Al Qaeda and What It Means To Be Modern*, New York, New Press, 2005.

toujours des hommes qui préféreront l'excitation de la guerre à l'ennui de la paix. Depuis lors, les poètes et les écrivains n'ont cessé de nous le rappeler. Ceux qui feignent d'oublier cette vérité tragique le font à leurs risques et périls.

La pensée des Lumières et de leurs épigones contient la source d'une équivoque qui continue de faucher des victimes innocentes : c'est cet optimisme sur la nature humaine, en vertu duquel les grands bouchers du XXe siècle ont perpétré leurs crimes les plus atroces. Si le mal n'appartient pas à la nature humaine, si la possibilité existe de l'éradiquer une fois pour toutes et d'obtenir le Bien absolu, tous les moyens deviennent légitimes pour atteindre la Terre promise. C'est ainsi qu'on justifie les camps de concentration et les goulags, les archipels de la terreur et ceux de l'horreur.

On trouve des traces de cet optimisme né des Lumières dans le fanatisme des intégristes de tous les coins de la planète. Mais, comme le dit Baudrillard, le même totalitarisme pour le bien est à l'œuvre au cœur de la modernité. Nous avons la conviction obstinée de pouvoir débusquer le mal sous toutes ses formes, pour faire naître un Empire du Bien. Baudrillard en voit la preuve dans le monde parfait de la technologie digitale, à l'intérieur duquel sons et images, créés *ex nihilo*, naissent dépourvus de tout défaut, sans aucune marge pour l'imprécision, le tremblement ou le hasard. Au point d'en arriver à l'Homme intégral (et idéal) « revu et corrigé par la génétique [...] expurgé de tout accident, de toute pathologie physiologique ou caractérielle [1] ».

Le traumatisme américain consécutif au 11 septembre a été d'autant plus profond que la société américaine se nourrit de rituels constants, qui font du prévisible leur but principal. Que représentent les grandes chaînes de magasins et de fast-foods, les shopping centers et les multisalles de cinéma, les myriades de petites villas identiques et de *gated communities*, si ce n'est un hymne au prévisible, la puissante aspiration d'une communauté nationale entière à vivre une vie contrôlable dans tous ses aspects ?

David Brooks a raison quand il dit qu'on ne comprend rien au style de vie américain si on ne tient pas compte de l'esthétique du terrain de golf [2]. Dans le monde idéal du golf, tout est immaculé. Les *fairways* sont des landes de douce perfection sans la moindre mauvaise herbe. Les *greens* sont des oasis enchantées, impeccablement ordonnées. Les *bunkers* sont régulièrement ratissés. Les maisons qui joux-

---

1. J. Baudrillard, *Le Pacte de lucidité ou l'intelligence du mal*, Paris, Galilée, 2004, p. 22.
2. Cf. D. Brooks, *On Paradise Drive*, *op. cit.*, p. 40.

tent le terrain ont un aspect propre et opulent. Les joueurs eux-mêmes sont harmonieux : ils ont une tenue sportive, mais élégante.

Le défaut de ce modèle est sa rigidité. Que se passe-t-il si le terrain de golf est envahi par les sauterelles ? Ou si un alligator sort de l'étang du trou n° 9 et trucide un petit vieux en short à carreaux ?

Poussé à l'excès, l'idéal du prévisible mène à un état d'extrême vulnérabilité. Personne ne sera jamais à l'abri d'un événement imprévisible. Et l'utopie démentielle d'une réalité parfaitement contrôlable, intégralement ennuyeuse, ne fait qu'anesthésier notre capacité à y faire face. Si, après le 11 septembre, un pays entier, depuis toujours modèle de démocratie, de courage et d'esprit d'initiative, a sombré dans une forme d'hystérie collective dont il ne semble pas encore sorti, la faute en incombe surtout à cette idéologie du Bien, à l'espoir ingénu, cultivé tout au long des années quatre-vingt-dix, selon lequel, après la chute de l'Empire du Mal communiste, l'histoire était arrivée à son terme – et qu'il ne restait rien d'autre à faire que de profiter de ce *happy end* en pur style hollywoodien et de siroter un Margarita chez soi, sous les arcades de sa villa.

7

La spirale carnavalesque

En 1665, la peste frappa Londres avec une violence inouïe : « La fureur de l'épidémie était telle, écrit Defoe, les gens tombaient malades si rapidement et mouraient si vite, qu'il était impossible de s'en enquérir à temps, et de faire fermer les maisons avec l'exactitude qu'il aurait fallu y mettre [1]. »

Au même moment, toutefois, un autre témoin peut observer que, « tandis que dans une maison l'on gémissait sous les liens de la mort, il arrivoit souvent que dans la maison voisine on s'abandonnoit à toute sorte d'excès ». Au point que Defoe lui-même est contraint d'enregistrer un boom de « toutes sortes de crimes, et même d'excès et de débauches [2] ».

Dans ce cas, Robinson Crusoé ne fait pas une découverte. Déjà deux mille ans plus tôt, Thu-

----

1. D. Defoe, cité in J. Delumeau, *La Peur en Occident*, Paris, Fayard, 1976, p. 141.
2. *Ibid.*, p. 158.

123

cydide avait décrit la peste d'Athènes en ces termes : « On chercha les profits et les jouissances rapides, puisque la vie et les richesses étaient également éphémères... Le plaisir et tous les moyens pour l'atteindre, voilà ce qu'on jugeait beau et utile. Nul n'était plus retenu, ni par crainte des dieux, ni par les lois humaines : on ne faisait pas plus de cas de la piété que de l'impiété, depuis que l'on voyait tout le monde périr indistinctement ; de plus, on ne pensait pas vivre assez longtemps pour avoir à rendre compte de ses fautes. Ce qui importait bien davantage, c'était l'arrêt rendu et menaçant [la peste] ; avant de le subir mieux valait retirer de la vie quelque jouissance [1]. »

Il existe depuis toujours un lien fort entre la tragédie et le carnaval, entre la peur et l'hédonisme, entre la peste et l'orgie. Rien d'étrange à ce que ce lien réapparaisse aujourd'hui sous la forme d'une spirale qui fait entrer en résonance le pôle carnavalesque de la brésilianisation avec son pôle tragique, les renforçant tour à tour. Si, dans sa phase inaugurale, le postmoderne avait été vécu à l'enseigne d'un *carpe diem* joyeux qui faisait voler en éclats les dogmes de la modernité avec la légèreté d'une éternelle adolescence, le « présentéisme » prend aujourd'hui un visage plus sombre, pour devenir le refuge précaire de l'individu apeuré. Dans ce

---

1. *Ibid.*, pp. 158-159.

climat, l'hédonisme change de signe et, plus que l'expression d'une liberté retrouvée, il redevient l'issue de secours face à une nouvelle épidémie de peste.

En Europe, la peste a été pendant quatre siècles un bourreau sans visage. Jusqu'à la fin du XIXe siècle, on en ignorait les causes. Et par conséquent, les conjectures fleurissaient : punition divine, complot judaïque, pollution de l'air, exhalaisons du sous-sol. Quand il ne parvient pas à donner un visage à sa peur, l'homme est en proie à la panique. Un climat paranoïaque s'empare de la communauté au sein de laquelle chacun devient un suspect et un ennemi potentiel. Dans les villes envahies par la peste, on ne compte pas les victimes innocentes de remèdes improvisés dictés par la panique plus que par la raison.

De même, dans la société brésilianisée, les garanties sociales tendent à voler en éclats devant la diffusion de la paranoïa. Aujourd'hui, nous sommes nous aussi face à un ennemi sans visage, plongés dans un contexte où « les terroristes eux-mêmes ne sont plus enclins à endosser la responsabilité de leurs actes [et où] des mesures " antiterroristes " d'Etat elles-mêmes sont entourées d'un halo de secret [1] ». Les capitales de l'économie immaté-

---

1. S. Žižek, *Bienvenue dans le désert du réel*, Paris, Flammarion, 2002, p. 66.

rielle du XXIe siècle retombent ainsi dans la sombre atmosphère des villes prises d'assaut par la mort noire.

A Milan, en 1630, les gens ne s'aventuraient dans les rues que munis d'une arme, pour tenir à distance respectable ceux qui pouvaient représenter une menace de contagion. A New York, en 2002, Woody Allen conseille à son jeune protégé de se munir d'un kit de survie comportant un fusil à canon scié[1]. En 1348, à Tarrega, en Espagne, trois mille juifs furent lynchés aux cris de « Mort aux semeurs de peste ! » En 2005 à Guantanamo, des centaines de présumés terroristes sont détenus dans des conditions inhumaines, sans avoir droit au minimum de protection légale, même pas celle qui est prévue par la Convention de Genève pour les prisonniers de guerre.

Les analogies ne s'arrêtent pas là. La peste atteint tout le monde. Riches et pauvres, femmes et enfants, jeunes et vieux. La grande faucheuse est une niveleuse, elle met tout le monde sur le même plan, réduisant chacun à l'état de victime. A l'inverse de la guerre traditionnelle, la guerre épidémique que nous commençons à connaître présente la même caractéristique. Suite logique des pilonnages de la Seconde Guerre mondiale, qui, pour la première fois, mirent des civils innocents en première ligne, la guerre épidémique

---

1. Woody Allen, *Anything Else.*

abolit la frontière, valable encore pendant la guerre froide, entre un monde militaire mobilisé et une société civile en paix. Si bien que cette dernière tend, comme on l'a vu au chapitre 5, à se militariser.

Troisième élément commun, la peste est soudaine. Entre l'annonce des premiers cas et l'extermination de milliers de personnes, l'intervalle n'est que de quelques jours. Par conséquent, c'est la peste elle-même qui a l'initiative. Il ne reste aucune marge pour formuler des projets. Tout au plus peut-on prendre quelques précautions. Mais en restant conscient que la peste pourrait s'abattre soudainement et bouleverser tous les plans.

C'est de ces conditions que se nourrit la spirale carnavalesque. Quand l'incertitude dépasse le niveau de vigilance, les stratégies de riposte examinées au cours des deux chapitres précédents sont elles-mêmes insuffisantes. Devant les deux lignes de conduite – prévention et *amor fati* – qui visent à affronter la tragédie, beaucoup choisissent une troisième solution : la fuite. Qui ne résout pas le problème, mais le refoule et permet au moins de continuer à vivre comme auparavant, sinon mieux.

Quand la peste commence à poser ses tentacules sur la ville, la voie la plus simple et la plus naturelle est de se réfugier dans l'orgie. Le paroxysme de la consommation et des plaisirs, du narcissisme de masse des « loft story » et des « îles de la tentation », du sable brûlant et des petites perversions de salon, qui n'a fait que s'intensifier depuis le 11 septembre, confirme encore une fois la règle. Le carnaval et la tragédie parcourent le monde main dans la main. Comme le montre la célébration des héros négatifs, de Scarface à Kurt Cobain, qui vivent et meurent en détruisant les règles de la cohabitation civique, ou en consumant, comme Edna St. Vincent Millay, la chandelle par les deux bouts. Exemples d'intensité vitale, qui se carbonisent rapidement, avec la poésie aveuglante d'un feu d'artifice. Comme tant de héros du hip-hop, la musique noire qui domine sans partage les hit-parades du monde entier depuis des années.

« La culture noire a toujours pris place entre le pôle de la peur et celui du spectacle, par rapport à la société blanche [1]. » Sauf que, il y a quelque temps encore, elle occupait une position bien délimitée. Aujourd'hui, au contraire, c'est devenu un phénomène de masse. Beaucoup plus qu'une mode : un des piliers de la culture pop américaine. Des ghettos de Los Angeles et de New York, elle se répand dans le

---

1. T. Boyd, *Black, Rich and Famous : The Rise of the NBA, the Hip-Hop Invasion and the Transformation of American Culture*, New York, Doubleday, 2003, p. 14.

monde à la vitesse d'un e-mail. Et avec elle se diffusent ses valeurs de référence : le culte d'une expression physique exubérante, qui s'exprime à la fois par le sexe et par la violence ; la recherche de l'argent à tout prix, pour entretenir un style de vie fait de voitures de sport et de villas avec hydromassage ; une conception agressive de la vie, dans laquelle il vaut mieux mourir en héros que vivre en couard.

Ce n'est pas un hasard si la bible des artistes hip-hop est précisément le *Scarface* de Brian De Palma : le film qui, pour la première fois, a élevé un narcotrafiquant au rang de héros tragique. Le protagoniste est doué de l'émotivité incontinente d'un personnage de Shakespeare, il s'abandonne continuellement à des sentiments de colère, de vengeance et de jalousie à l'égard de sa sœur. Nous retrouvons ici les caractéristiques des guerriers que nous avons rencontrés au quatrième chapitre. Mais avec en plus la condamnation à un destin tragique, qui fait d'eux des héros mythiques : en les vénérant, chacun peut exorciser sa peur de l'avenir.

Depuis toujours, l'homme mime la mort pour la dédramatiser. Et depuis toujours, l'homme adule ceux qui défient la mort pour exalter l'intensité de la vie. Une époque de grandes peurs alimente d'autant plus les mythes et les rites tragiques. Et elle pousse chacun de nous à s'avancer au bord du gouffre pour affirmer son énergie vitale.

La peste et l'orgie

En temps de peste, l'homme moyen disparaît. Il ne reste que d'une part les héros, d'autre part les pleutres. D'où la diffusion irrésistible de pratiques à risque dépourvues de toute justification rationnelle. De même que, depuis des années, les jeunes de Rio font du surf sur les wagons du métro, risquant à tout moment d'être fauchés par un câble à haute tension, de même des millions de jeunes Occidentaux pratiquent des sports de plus en plus risqués, qui rappellent la roulette russe. Parapente, rafting, canyoning, saut à l'élastique : les sports dits extrêmes. Mais ils procurent exactement la même sensation que le surf du métro : l'idée du voyage, le sentiment d'aller au-delà des limites de son corps, associé à des sensations physiques très fortes et à un sentiment de maîtrise du monde [1] : « Lorsque tu es sur le train, c'est comme si tu maîtrisais tout autour de toi [2]. » Ce sont les mots d'un jeune surfeur du métro de Rio, mais ce pourraient être ceux d'un jeune de Park Avenue, étant donné que le *skylarking*, comme on l'appelle à New York, s'est diffusé là-bas aussi [3]. Cette pratique ne rivalise en idiotie qu'avec *l'avalanching*, qui consiste à se

---

1. Cf. A. Peralva, *Violence et démocratie : Le paradoxe brésilien*, Paris, Balland, 2001.
2. *Ibid.*, p. 137.
3. R. Romani, « New York. La sfida mortale del *surf* sui tetti del metrò », in *Corriere della Sera*, 20 novembre 2003, p. 23.

lancer à ski dans les avalanches et qui a causé un accroissement vertigineux des décès en montagne, aux Etats-Unis [1].

Même sans en arriver là, on trouve dans les faits divers quotidiens des courses automobiles clandestines, des stades dévastés par les ultras, des batailles entre gangs. Chuck Palahniuk a conféré une dignité littéraire à cette pulsion autodestructrice avec son *Fight Club* peuplé d'enfants oubliés par l'Histoire, élevés par la télévision dans la croyance qu'un jour ils seront tous des milliardaires, des stars du rock ou des acteurs de cinéma : une fois sortis de la spirale hédoniste et consumériste, ils ne leur reste plus que la haine de soi, l'autodestruction, le désir de mort.

Mais pour éprouver l'ivresse de la catastrophe, nul besoin de perdre son souffle. Il suffit de s'asseoir devant le tapis vert, comme le font un nombre croissant d'Européens et d'Américains. Aux Etats-Unis, le chiffre d'affaires de l'industrie du jeu a plus que doublé ces dix dernières années, passant de 11,2 milliards de dollars en 1993 à 27 milliards en 2003 [2]. En Europe, chaque année, les parieurs déboursent environ la valeur de 5 % du produit intérieur

---

1. T. Egan, « Thrillseekers in the Snow Make Winter Slopes Deadly », in *New York Times*, 24 février 2005.

2. « 2003 : All Bets are on », in *The Economist*, 2 octobre 2004, p. 69.

brut de l'ensemble du continent [1]. Sur Internet, on a de même assisté à une explosion des jeux de hasard. On estime que le chiffre d'affaires, qui s'élevait à 1 milliard de dollars en 1999, devrait dépasser les 10 milliards à la fin de cette décennie [2].

Dans les années cinquante, Guy Debord et ses amis situationnistes avaient déjà compris que « plus un lieu est réservé à la liberté du jeu, plus il influe sur le comportement et plus grande est sa force d'attraction ». Et, imaginant une ville entièrement basée sur ce principe, ils lui prévoyaient un avenir radieux : « En quelques années, elle deviendrait la capitale intellectuelle du monde, et serait reconnue partout comme telle [3]. » C'est ce qui s'est produit. Aux Etats-Unis, Las Vegas est la ville qui a le plus fort taux de croissance : dans les années quatre-vingt, elle a doublé de population ; dans les années quatre-vingt-dix aussi. Après le 11 septembre, certains ingénus prévoyaient son déclin rapide. C'est bien sûr le contraire qui est arrivé. La société brésilianisée réagit aux catastrophes en se réfugiant dans l'hédonisme. Si bien que Las Vegas a encore grandi. Et surtout, elle a de plus en plus contaminé le reste du monde :

---

1. *Ibid.*
2. *Ibid.*
3. G. Ivain, cité in E. Ghezzi, R. Turilatto (éd.), *Guy Debord (contro) il cinema*, Milan, Il Castoro, 2001, p. 22.

La spirale carnavalesque

« Paris, Le Cap, Tokyo, São Paulo, Moscou. Nous sommes tous des habitants de Las Vegas [1]. »

Aucun lieu ne peut se soustraire à la logique de l'hédonisme transgressif de masse qui a fait la grandeur de la cité du Nevada. Dans ses casinos, on ne trouve plus de gentlemen anglais, d'aristocrates russes, ou de dames en hermine, mais des commerçants et des employés à la recherche du frisson d'un soir. Encore une fois, la brésilianisation coïncide avec la démocratisation de vices jadis réservés aux élites. Si bien que le boom du vice, également lié à l'incertitude du temps, prend un caractère de masse. Les banquiers de Dallas l'ont bien compris : en 2002, ils ont lancé le *Vice Fund*. Un fonds commun spécialisé dans l'achat de titres politiquement incorrects : alcool, tabac, jeux de hasard. Cela n'a pas trop mal marché, si l'on considère que les performances du fonds ont systématiquement battu l'indice Dow Jones [2].

Même les froids indicateurs financiers confirment en somme l'existence d'une spirale carnavalesque, qui fait renaître l'orgie au cœur de la peste. Plus le pôle tragique de la brésilianisation se développe et plus s'accroît la fuite dans le carnaval, à l'enseigne d'un *carpe diem* effrayé. Il y a

---

1. B. Bégout, *Zéropolis*, Paris, Allia, 2002, p. 11.
2. « Virtues of Vice », in *The Economist*, 1er novembre 2003, p. 75.

deux mille ans, Sénèque avait déjà remarqué que l'épicurisme – la recherche des plaisirs – était le choix de vie de ceux qui avaient oublié le passé, qui ne s'occupaient pas du présent, et avaient peur du futur.

Le progressiste retrouvé (?)

Le rationalisme progressiste a depuis toujours du mal à accepter le carnaval. Même si, sous certains aspects, la Révolution française fut un gigantesque carnaval, elle vit d'un mauvais œil cette « fête bonne pour les peuples esclaves [1] ». Ce n'est pas un hasard si, durant la Terreur, Robespierre alla même jusqu'à décréter la peine de mort pour ceux qui s'aventuraient à se masquer. Cette condamnation s'est perpétuée au fil des siècles, puisque l'Ecole de Francfort fustige toute forme de divertissement de masse comme un facteur qui renforce l'aliénation des peuples.

A y regarder de près, dans la pensée rationnelle et progressiste, il n'y a pas que la condamnation du carnaval en tant que moyen de se

---

1. Marat, in *L'ami du peuple*, 21 décembre 1789, cité in A. De Baecque, *Le Corps de l'histoire : Métaphores et politique (1770-1800)*, Paris, Calmann-Lévy, 1993, p. 330.

libérer de l'aliénation. Plus profondément, il y a surtout une crainte obscure à l'égard de la libération des pulsions primordiales. C'est la sainte terreur des rationalistes issus des Lumières face à une explosion d'exubérance païenne et populaire qui ne serait pas guidée par une avant-garde éclairée vers des objectifs politiquement corrects. Comme l'a observé John Gray, même si les penseurs des Lumières aimaient se présenter comme des païens modernes, ils étaient plutôt des chrétiens modernes. Les païens de l'Antiquité ne croyaient pas que la majorité du genre humain pouvait être sauvée, ou était digne de l'être. A l'instar des chrétiens, en revanche, les positivistes issus des Lumières, comme leurs épigones marxistes et néo-libéraux, se fondent sur une téléologie historique, l'idée du progrès de l'humanité vers un but préétabli[1].

Rien de plus étranger à l'esprit carnavalesque, fondé sur la joyeuse célébration du chaos et de l'éternel retour de toute chose. Si les grandes religions, du christianisme au marxisme, projettent le moment utopique dans l'avenir, le carnaval est pour sa part une utopie instantanée. Ayant abandonné toute téléologie, toute attente messianique d'événements palingénésiques, le carnaval mise sur le présent. Il

---

1. Cf. Gray, *Al Qaeda and What It Means To Be Modern*, *op. cit.*

n'y a pas de projet qui tienne devant l'orgie du moment. « C'est l'injonction romantique " Ô temps suspends ton vol " qui tend à se généraliser, qui n'est plus un simple cri mais devient une réalité vécue, qui peu à peu, et dans tous les domaines, tend à constituer l'ambiance du moment et à délimiter l'esprit du temps [1]. »

Vis-à-vis des grandes religions téléologiques, le second péché mortel de l'utopie carnavalesque tient au fait que, au lieu d'assumer une dimension spirituelle ou intellectuelle, le carnaval est avant tout une utopie corporelle. Qui emporte non seulement les esprits, mais aussi les corps, et les transporte dans un autre monde possible, certes éphémère, mais palpable...

C'est d'ailleurs précisément dans cette dimension physique que le carnaval réalise pleinement sa promesse égalitaire et régénératrice. Le caractère central attribué au corps ramène les individus vers leur commune nature humaine. Il pose les bases d'une initiation à « la vie de la partie inférieure du corps, celle du ventre et des organes génitaux, par conséquent, avec des actes comme l'accouplement, la conception, la grossesse, l'accouchement, l'absorption de nourriture, la satisfaction des besoins naturels. Le rabaissement creuse la tombe corporelle pour une *nouvelle* naissance. C'est la raison pour laquelle il n'a pas seule-

---

1 Maffesoli, *L'Instant éternel, op. cit.*, p. 58.

ment une valeur destructrice, négative, mais encore positive, régénératrice : il est *ambivalent*, il est à la fois négation et affirmation [1] ».

L'intellectuel a du mal à dissimuler son dégoût devant le spectacle de cette passion instantanée et corporelle, qui remet en question le fondement même de son identité : le culte du progrès et de la raison.

Il se réfugie donc dans une négation de la réalité. Au lieu de se confronter aux aspirations et aux peurs des gens, pour chercher à leur donner une réponse, le progressiste rêve de modifier ces aspirations et ces peurs. Plutôt que de se confronter aux pulsions carnavalesques qui secouent le corps social, le progressiste les censure. Plutôt que d'intervenir sur les causes de la peur, le progressiste s'obstine à démontrer, statistiques en main, que cette peur est injustifiée. Là où la société brésilianisée demanderait de la tolérance sur son versant carnavalesque, et de la fermeté sur son versant tragique, le progressiste propose la recette inverse. Intolérant et punitif à l'égard des manifestations du carnaval, il devient ouvert et permissif à l'égard du pôle tragique.

---

1. M. Bakhtine, *L'Œuvre de François Rabelais et la culture populaire au Moyen Age et sous la Renaissance*, Paris, Gallimard, coll. Tel, 1970, p. 30.

Sa censure indignée s'abat implacablement sur toutes les formes d'effervescence. Hédonisme et consommation de masse, soin du corps, exhibitionnisme télévisuel et culte de la célébrité, nouvelles croyances et spiritualité à usage personnel : toutes ces formes suscitent la réprobation de l'intellectuel progressiste. En revanche, il réserve son indulgence aux phénomènes qui peuplent les cauchemars des Occidentaux : en premier lieu le terrorisme international et la criminalité urbaine.

Dans ces conditions, il ne faut pas s'étonner de la mise hors jeu de la pensée progressiste en ce début de siècle. Incapables de répondre aux aspirations et aux préoccupations d'une opinion publique brésilianisée, les forces progressistes ont permis que les réponses viennent d'ailleurs.

Silvio Berlusconi a été par exemple un excellent interprète de la brésilianisation. Il a su en manier les ingrédients de base avec l'adresse d'un Carioca, offrant, sur le versant carnavalesque, l'image d'une société de consommation de rêve (le vingt-cinquième patrimoine mondial, sept villas en Sardaigne, etc.) et celle d'un narcissisme maniaque (le maquillage, le culte de l'image, la chirurgie plastique); se présentant comme un membre du star system plus que comme un dirigeant politique; jouant sur les grandes émotions collectives (le foot, le pathos de la télé) plus que sur les registres habituels de la propagande politique ; tentant, enfin, de formuler un programme en accord avec cette approche, centré sur la réduction des charges fiscales, sur la libération des *animal spirits* du capitalisme.

Sur le front du pôle tragique, en revanche, Berlusconi a montré son visage rigoriste : une politique étrangère de « faucon » alignée sur la guerre au terrorisme de George W. Bush ; une politique de restriction de l'immigration ; une campagne incessante contre le laxisme de la gauche à l'égard de la criminalité urbaine ; l'introduction du permis à points contre les délits de la route, etc.

Si, sous l'angle des réalisations concrètes, les résultats ont rarement été à la hauteur des annonces, on ne peut nier que les messages de Berlusconi ont presque toujours été en harmonie avec la brésilianisation.

Devant un phénomène de ce genre, une réflexion s'impose. Sombrer dans le strabisme signifierait pour la gauche se condamner à une marginalisation croissante. S'en prendre à l'opinion publique, tonner contre les dérives du corps social (consommation, télévision, etc.), revient à adopter l'attitude de l'empereur perse Xerxès qui, après la défaite navale de Salamine, donna l'ordre de fouetter la mer...

Il y a des moyens plus efficaces d'employer ses forces : recommencer à affronter la réalité des événements, sans œillères idéologiques, fait partie de ces moyens.

Sur le versant de l'hédonisme de masse, avant tout, il faut rendre au carnaval ce qui lui revient. L'histoire a montré que, seule, la démocratie représentative est aussi fragile que le Palais de Cristal de Dostoïevski. Ce n'est pas un hasard si, au lendemain de la Première Guerre mondiale, elle fut balayée dans une grande partie de l'Europe par des idéologies d'une tout autre vigueur, qui fondèrent leur succès sur le déficit de charme et de capacité de mobilisation de l'Etat libéral. Si, aujourd'hui encore, ce dernier « manque de chaleur et d'intimité [1] », la solution ne se trouve dans aucun des remèdes imaginés par les intellectuels (le communautarisme, le patriotisme constitutionnel, etc.). La vérité est venue du bas : du carnaval dionysiaque fondé sur la mode et la consommation, de la démocratisation des plaisirs, de la télé au quotidien...

Telle est la force qui a vaincu les totalitarismes au XXe siècle. Cette force reste encore notre arme principale contre les intégrismes du XXIe siècle.

L'attachement à la vie est l'antidote le plus fort contre toutes les formes de fanatisme. Comme beaucoup d'autres extrémistes avant

---

1. M. Walzer, « The Communitarian Critique of Liberalism », in *Political Theory*, n° 1, 1990.

lui, Ben Laden entretient chez ses partisans un véritable culte de la mort, et il méprise les Occidentaux pour leur faible inclination à s'immoler pour une cause, quelle qu'elle soit. De l'Allemagne hitlérienne au Japon impérial, les idéologies totalitaires se sont toujours nourries d'une dévotion morbide à l'égard de la mort héroïque. Depuis toujours, pour les dictateurs et les fanatiques, l'histoire s'écrit en lettres de sang.

Quand il s'élève contre les manifestations du carnaval de masse, le progressiste oublie cette simple leçon : tout ce qui renforce l'attachement des individus à la vie, dans sa simple banalité quotidienne, diminue les chances de succès d'idéologies totalitaires qui demandent, pour une raison ou pour une autre, de sacrifier le présent pour bâtir un avenir radieux.

Il est bon d'avoir à l'esprit les risques d'alignement que le conformisme hédoniste porte en lui. Mais il ne faut pas pour autant jeter le bébé avec l'eau du bain, en refusant dans son ensemble la démocratisation du plaisir. Il faut au contraire affronter cette réalité. Si, aujourd'hui, l'identité de chacun est de moins en moins définie par sa qualité de producteur austère, et de plus en plus par celle de bénéficiaire désinhibé des plaisirs de la brésilianisation, cette transition ne doit pas être vécue comme un deuil (la disparition de la « classe ouvrière », etc.). Si, au lieu de se contenter de prêter une attention révérencieuse aux parades des élites, l'homme de la rue s'empare des médias pour exiger son quart d'heure de célébrité, on ne voit pas pourquoi une poignée d'intellectuels blessés dans leur narcissisme devrait les en empêcher.

Mieux vaut affronter les vraies questions que pose la brésilianisation. Il y a soixante-dix ans, Aldous Huxley décrivit dans un roman génial une société hédoniste et complètement totalitaire : « Sept heures et demie d'un travail léger, nullement épuisant, et ensuite la ration de *soma*[1], les sports, la copulation sans restriction, et le cinéma sentant. Que pourraient [...] demander de plus » les habitants du Meilleur des mondes[2] ?

La réponse est simple, naturellement. Ils pourraient vouloir ce qui constitue la caractéristique fondamentale de notre espèce : la spécificité irréductible de tout être humain, « l'art, l'amour, le jeu, mais aussi le rire, l'extase, le luxe[3] », sa différence radicale par rapport à tous les autres, qu'ils aient vécu avant lui, ou qu'ils vivent après lui. Tel est le vrai défi : faire en sorte que la carnavalisation coïncide avec

---

1. Un puissant hallucinogène. (*N.d.A.*)
2. A. Huxley, *Le Meilleur des mondes*, Paris, Plon, 1977, p. 250.
3. G. Bataille, cité in G. Agamben, *L'Ouvert . De l'homme et de l'animal*, Paris, Rivages, 2006.

l'élargissement des possibilités offertes à chacun de réaliser ses aspirations en fonction de ses goûts, dans une société où « le futur se dilate à l'infini, où des expériences avec de nouvelles formes de vie individuelle et sociale interagissent et se renforcent mutuellement ». Une société où « la vie des individus présente des différenciations inimaginables, une société libre, d'une manière impensable [1] ».

Beaucoup plus que le regret stérile des aubes révolutionnaires, c'est là un défi exaltant pour une gauche qui serait disposée à abandonner ses accents de pénitence pour revenir s'adresser à la société dans son ensemble. Paradoxalement, prendre au sérieux la culture des plaisirs est le seul moyen de sortir du ghetto.

Pour ce qui est de l'autre versant de la brésilianisation, son versant tragique, on doit tout d'abord constater que non seulement il s'est développé jusqu'à imprégner le *Zeitgeist* du présent, mais qu'il s'est aussi libéré du niveau local pour adopter un profil global. Tant que la criminalité était au centre des peurs, il était légitime que les gouvernements locaux prennent en charge cette préoccupation. Il existait une correspondance directe entre ce problème et les

---

1. R. Rorty, *Achieving our Country : Leftist Thought in the Twentieth Century*, Cambridge, Harvard University Press, 1999, p. 41.

responsabilités politiques. Aujourd'hui au contraire, c'est le terrorisme qui est au cœur du pôle tragique. Perdant ses liens avec la criminalité, l'insécurité tend à devenir un état d'âme, lié à l'anxiété et à l'incertitude à l'égard du présent et de l'avenir. Plus que la responsabilité de chacun des gouvernements, elle met en cause les incertitudes et les défis d'une société globale[1]. Dans une situation de ce genre, il est beaucoup plus difficile d'apporter une réponse politique convaincante. Mais il ne semble pas que tout le monde s'en soit rendu compte.

Au début des années quatre-vingt-dix, Tony Blair rompait avec la tradition de la gauche à justifier la criminalité, en affirmant pour la première fois une ligne intransigeante : « *Tough with crime, tough with the causes of crime*[2]. » Ce fut une petite révolution : pour la première fois, au lieu de prendre la défense des criminels en justifiant leurs actes par des considérations de psychologie sociale, une grande force progressiste se plaçait du côté des victimes. Cette position fut vite imitée, quoique avec une moindre conviction, par d'autres forces de gauche en Europe.

---

1. CENSIS, *38° Rapporto sulla situazione sociale del paese*, Milan, Franco Angeli, 2004, p. 663.
2. « Dur contre la criminalité, dur contre les causes de la criminalité. » (*N.d.T.*)

Maintenant que les racines de la terreur se sont transférées sur un plan international, une opération analogue est nécessaire. Aucune sorte de justification ne peut être tolérée à l'égard d'une forme de totalitarisme – le totalitarisme islamiste – qui a déjà fait des millions de victimes dans le monde (rien qu'au Soudan, on estime à environ deux millions le nombre des victimes du fondamentalisme arabe de Hasan al-Turabi). Des phrases comme celles du prix Nobel Günter Grass sur l'après-11 septembre (« toutes ces histoires pour trois mille Blancs morts assassinés [1] ») sont dévastatrices. Elles renvoient à la haine de soi qui poussait le pire Sartre à inciter les habitants des ex-colonies à massacrer leurs anciens maîtres [2].

Mais, dans la complaisance d'une certaine gauche européenne et américaine face au terrorisme et à l'extrémisme islamiste, il y a plus inquiétant encore que le masochisme. Il y a cette forme de racisme qui consiste à penser que seuls les Occidentaux sont responsables de leurs actes, tandis que tous les autres commettraient des crimes pour la seule raison que nous les y forçons, qu'ils n'ont absolument

---

1. Cité in A. Glucksmann, *Ouest contre Ouest*, Paris, Plon, 2003, p. 35.
2. Cité in A. Finkelkraut, P. Sloterdijk, *Les Battements du monde, op. cit.*, p. 197.

aucun autre choix. Selon ce schéma, seuls les Occidentaux seraient conscients de leurs crimes, et donc moralement condamnables, tandis que les autres seraient des victimes. Lesquelles peuvent certes commettre, de temps à autre, quelques atrocités, mais sans qu'on puisse leur en attribuer une responsabilité morale, qui incombe toujours et de toute façon à l'Occident, seul véritable « axe du mal » existant (et dont les pivots sont bien entendu les Etats-Unis et Israël). Pour cette gauche « radicale et chic », c'est comme si le monde entier était peuplé d'enfants – qu'on ne peut considérer comme responsables de leurs actes – tandis que l'âge adulte, où chacun se voit attribuer la responsabilité de ses actions, ne serait atteint que par les Occidentaux. On trouvera difficilement témoignage plus éloquent du racisme paternaliste.

Le relativisme culturel, chez nous, a subi une mutation génétique : « D'attitude scientifique d'étude des spécificités et des originalités des civilisations et des cultures [...], il s'est transformé en subculture diffuse et militante, marquée par le masochisme », selon laquelle « nous serions à même de comprendre les autres, tandis que les autres ne sont pas à même de nous comprendre, ce qui nous exposerait au devoir de les accepter, devoir qui ne pourrait être le leur à notre égard, puisque culturellement dans l'impossibilité de le faire[1] ».

Même sur ce versant, on le voit, la vulgate progressiste s'est engagée dans une impasse. A l'inverse du front conservateur qui, encore une fois, a été le plus prompt à en tirer les conséquences qui s'imposaient, en créant la catégorie des « *non-negotiable demands of human dignity*[2] » : liberté de parole, égalité devant la loi, respect des femmes, tolérance religieuse et limites aux pouvoirs de l'Etat. « Certains de ceux qui se proclament réalistes se demandent si la diffusion de la démocratie au Moyen-Orient doit être une de nos préoccupations. Eh bien ! les réalistes, dans ce cas, ont perdu le contact avec une réalité fondamentale : l'Amérique a toujours été moins en sécurité quand la liberté est contrainte de battre en retraite, et elle l'a toujours été davantage quand la liberté va triomphalement de l'avant[3]. » On peut ne pas partager la doctrine Bush. Mais il est difficile de s'y opposer avec ce mélange d'hypocrisie, de résignation et de cynisme qui, jusqu'à présent, caractérise ses adversaires. S'il veut retrouver un minimum de marge d'initiative, le front pro-

---

1. L. Cafagna, « Universalismo fondamentalista, universalismo darwiniano », in *Zero*, n° 1, 2005, p. 138.

2. « Impératifs non négociables de la dignité humaine ».

3. G. Bush, cité par N. Podhoretz, *La quarta guerra mondiale*, Turin, Lindau, 2004, p. 44.

gressiste, européen et kantien, doit sortir de la paralysie dans laquelle il se trouve. Pour avoir la capacité d'élaborer un programme d'action qui soit un peu plus qu'un livre des songes démagogique, n'aboutissant fondamentalement qu'à l'immobilisme.

Le préalable à toute action positive est l'aptitude à rétablir un canal de communication avec les masses *carnavalisées* : celles qui, pour fuir la peste, se sont réfugiées dans l'orgie permanente.

On se souvient du début du *Décaméron* : le tableau dévastateur de la peste, la fuite des jeunes gens hors de la ville pour échapper au mal et recommencer à goûter « le plaisir et la joie que les temps présents peuvent donner[1] ». C'est le symbole même de la spirale carnavalesque : le cauchemar de la peste qui pousse à une radicalisation de l'hédonisme. Rares sont ceux, toutefois, qui se sont intéressés à la fin de ce livre. Ses récits terminés, en effet, le joyeux groupe décide de rentrer à Florence. Or, bien que rien n'ait changé dans la ville encore frappée par la peste, tous acceptent la proposition de Panfilo, si bien que, « le lendemain on se leva dès l'aube. Le sénéchal avait déjà expédié promptement tout le bagage. Sous la conduite avisée du roi, on regagna Florence[2] ».

---

1. Boccace, *Le Décaméron*, Paris, Garnier, 1967, p. 19.
2. *Ibid.*, p. 715.

Pour Boccace, aucun salut n'est possible hors de la société civile, dont la cité est le symbole. La seule manière d'interrompre la spirale carnavalesque consiste donc en une prise de responsabilités collectives. Il ne s'agit plus de se soustraire indéfiniment au sort de tous, mais au contraire de récupérer face à lui la dignité humaine que les autres Florentins avaient perdue [1].

Le défi de Boccace est à nouveau devant nous. Il faut faire rentrer le joyeux groupe en ville. Mais il est à parier qu'à cette fin ne serviront guère les prêches austères des censeurs de Francfort. Aujourd'hui, qui pourrait jurer que le barbant intellectuel à lunettes, hyperpolitisé, en sait plus sur la vie que le fêtard endurci, nonchalamment accoudé au comptoir d'un bar ? Sommes-nous vraiment sûrs qu'il n'existe pas, à côté de la hiérarchie diurne de la connaissance et du rationalisme, une hiérarchie nocturne de l'émotion et de la sensibilité, qui cohabite avec elle sans nul sentiment d'infériorité ? Et si tel est l'ordre des choses, peut-on affirmer que la politique ne doit s'adresser qu'aux individus rationnels, qui lisent les journaux et regardent les informations télévisées ? Ne faudrait-il pas, plutôt, se poser la question d'établir aussi un canal de communication avec

---

1. Cf. C. De Michelis, *Contraddizioni nel Decameron*, Milan, Guanda, 1983, p. 32.

ceux qui dorment jusqu'à une heure tardive et se tiennent informés par le biais des sites « people » diffusés sur Internet ? On peut sans doute avoir du respect pour ceux qui estiment que la vie doit s'adapter à la politique. Mais est-ce une raison valable pour couvrir d'infamie ceux qui se posent le problème d'adapter la politique à la vie ?

Que reprochent à l'Occident, en fin de compte, les fanatiques de tous les coins de la planète ? Non pas tant d'être porteur de valeurs qui entrent en conflit avec les leurs que de nier toute valeur, toute religion, toute utopie avec son matérialisme, son bien-être, son attachement à la vie. Adhérer à cette critique, ne fût-ce que d'un point de vue différent, signifie ouvrir grand la porte à tous les intégrismes possibles.

La conversion dont nous avons besoin n'est pas une hypothétique refondation spirituelle, mais plutôt une conversion « à la simplicité rugueuse des choses une à une, à l'immédiateté de la nature et de l'expérience : à une sorte de nihilisme positif, pour ainsi dire. Car ce qu'on a appelé nihilisme est certes, par un côté, une incroyance à l'égard des valeurs de culture et de tradition, une défiance vis-à-vis des idées et des idéalismes, une négation et un mutisme face aux héritages moraux et aux fois acceptées. Mais c'est aussi, par ailleurs, le retour à un état élémentaire où l'individu se retrouve face à lui-même, à la société, au monde, et où il est appelé à en affronter non pas les ombres idéologiques, mais la vraie nature, pour retrouver ce qui est essentiel et ce qui ne l'est pas, ce qui importe et ce qui ne vaut rien, pour expérimenter enfin de nouveau la différence entre le vrai et le faux [1] ».

La pratique de ce nihilisme actif requiert, il est vrai, la volonté de se remettre en jeu. Politiquement, cela signifie prendre au sérieux la vie quotidienne des gens dans son immédiateté. Pour le nihiliste actif, tout est important, même le frivole, le superflu, le banal : tout ce que méprise précisément le progressiste. Et qu'il devra pourtant apprendre à aimer s'il veut recommencer à compter.

---

1. N. Chiaromonte, *Credere e non credere*, Bologne, Il Mulino, 1993, p. 198.

TABLE

www.ingramcontent.com/pod-product-compliance
Lightning Source LLC
LaVergne TN
LVHW051233060726
842526LV00013B/2929